実践ガイドブック

# 大学における男女共同参画の推進

独立行政法人 **国立女性教育会館**

悠光堂

# はじめに

　国立女性教育会館は、昭和52（1977）年に設置された文部科学省所管の独立行政法人であり、我が国唯一の女性教育に関するナショナルセンターです。男女共同参画社会の形成を目指し、あらゆる分野における男女共同参画推進機関や担当者を支援するために、研修、交流機会の提供、専門的な調査研究、情報収集・提供を図る学習の拠点としての役割を果たしています。

　会館では、平成25年度から平成26年度にかけて「大学等における男女共同参画に関する調査研究」を行いました。この調査研究は大学における女性研究者支援を推進するため、実現に向けた課題を明らかにすることを目的としたものです。

　本書は、この調査研究と会館が従来から取り組んできた高等教育機関における男女共同参画を推進するための研修・情報事業等の成果をあわせ作成したものです。

　調査研究の実施に当たっては、大学関係者の方々と会館職員からなる検討委員会を組織しました。本書の執筆については、これまで女性研究者支援及び大学における男女共同参画推進を担い多大な貢献をされてきた機関や団体の方々にもご協力いただきました。座長の村松泰子先生はじめ検討委員会メンバーの皆様、調査やヒアリングにご協力いただいた大学関係者の皆様、また先進的取組みについてご寄稿くださいました諸機関・団体の皆様に厚くお礼を申しあげます。

　本書が大学の学長を含めた意思決定層、女性及び男性研究者や教職員など大学における男女共同参画を推進する責務を担うあらゆる立場の方々に、計画の立案、事業の企画、教育・学習のための参考資料として広くご活用いただければ幸いです。

独立行政法人国立女性教育会館理事長<br>
内海　房子

# 目次

はじめに……………………………………………………………………………………3

## 第Ⅰ部　〔基本編〕男女共同参画の基本をおさえる

### 第1章　なぜ、大学における男女共同参画が必要なのか ………………………8

1　大学の使命と男女共同参画　8
(1)　高等教育機関における男女共同参画の必要性　8
(2)　研究分野の男女共同参画の必要性　10
(3)　大学の意思決定層の男女共同参画状況　11
2　男女共同参画政策と大学・研究者の取組み　12
(1)　日本学術会議・学会・国立大学協会などの取組み　12
(2)　国の助成事業等による取組み　13
(3)　取組みの成果と課題　14

- **column ①**　日本学術会議の男女共同参画の取組み　16
- **column ②**　男女共同参画学協会連絡会の設立と取組み　19

### 第2章　大学経営戦略としての男女共同参画の推進 ……………………… 23

1　自由の尊重と経営の確立をいかに調和させるか　23
2　世界で競い合い、厳しい環境で持続・発展するために「戦略」は不可欠　24
3　大学にふさわしい経営と戦略を定着させるために必要な9つの課題　24
4　女性教員の登用は長期的視点に立ち、強い信念をもって取り組む課題　25
5　個々の職員に期待する役割と個々のキャリア意識を調和させる　26
6　男女共同参画の推進は、未来を切り拓く大学の組織づくりそのもの　28

- **column ③**　国立大学協会の取組み　29

### 第3章　データが語る大学の男女共同参画 ……………………………………… 33

1　男女共同参画に関するデータ　33
(1)　労働力　33
(2)　女性の働き方と男性の働き方　34
(3)　女性が働くことに関する意識の変化　36
(4)　管理職の女性が少ない　38
(5)　家事・育児にかかわれない男性　40
2　教育における男女平等　42
(1)　高等教育へのアクセス　42
(2)　女性研究者の状況　44
(3)　分野による課題の違い　46

(4)　大学における男女共同参画　　46
　(5)　大学における取組み　　49

# 第Ⅱ部　〔実践編〕具体的な取組みや実践事例を知る

## 第1章　女性研究者支援と男女共同参画推進のための基盤づくり　……………　54
　①　組織体制と環境整備　　54
　(1)　早期の委員会設置による女性研究者支援と男女共同参画　　55
　(2)　全部局長からの委員選定と委員会規則の策定　　57
　(3)　補助事業終了後に委員会を設置して事業を拡充　　58
　(4)　補助事業終了後を視野に法人が所管する男女共同参画推進室　　59
　(5)　女性研究者支援と採用促進のための拠点づくり　　60
　(6)　男女共同参画とダイバーシティ推進室　　61
　(7)　女性研究者キャリア開発センターと男女共同参画推進室の一本化　　61
　②　連携体制・ネットワークの構築　　63
　(1)　大学間の連携　　63
　(2)　大学以外の機関との連携　　65
　③　ニーズの把握・実態調査と評価の方法　　69
　(1)　ニーズの把握と実態調査　　69
　(2)　男女共同参画の評価　　69
　　**column ④**　東京学芸大学　ボトムアップとトップダウン　　73
　　**column ⑤**　公立大学法人大阪府立大学　公立ならではのネットワークを生かす　地域と連携した女性研究者支援事業　　75
　　**column ⑥**　アンケート調査による実態・課題・成果の把握　　78

## 第2章　女性研究者の採用・育成のための取組み　………………………………　81
　①　女性研究者の活躍を推進する国内外の動向　　82
　(1)　国内外の動向　　82
　(2)　ポジティブ・アクション　　82
　(3)　企業が求める多様性と女性研究者　　83
　②　採用段階から女性研究者を増やす工夫　　84
　(1)　インセンティブ付与による積極的な採用の推進　　84
　(2)　女性限定教員公募、同等評価の場合の優先・積極採用　　86
　(3)　女性の置かれた状況を勘案した柔軟な採用に関する工夫例　　88
　③　女性研究者のキャリア形成のためのさまざまな取組みと工夫　　89
　(1)　メンター制度　　89
　(2)　ロールモデルを通じた支援　　92
　(3)　その他の研究者の育成・養成を目的としたさまざまな工夫と取組み　　94
　④　女性研究者の意思決定レベル・上位職登用への工夫　　98
　⑤　次世代研究人材を育成するための取組み　　101

(1) 大学生を対象とした取組み　101
　(2) 中高生を対象とした取組み　102
　**column ⑦**　文部科学省における女性研究者支援の取組みと今後について　104
　**column ⑧**　東北大学「サイエンス・エンジェル」の取組み　107
　**column ⑨**　「女子中高生夏の学校」における女子中高生の理系進路選択支援　109

## 第3章　だれもが働きやすい男女共同参画の環境づくり　113

　① 女性研究者の両立支援　113
　(1) 研究支援員の配置　113
　(2) 女性研究者や女性医師のキャリア継続支援　115
　② 保育環境の整備　116
　(1) 未就学児対象の保育　117
　(2) 病児・病後児保育　121
　(3) 就学児対象の保育（学童保育）　124
　③ 男性や職員への取組み対象の拡大　125
　(1) 多様化する男性のライフスタイルへの対応　126
　(2) 女性職員の意思決定過程への参画　128
　(3) だれもが働きやすい男女共同参画のしくみづくりに向けて　130
　④ 情報提供・相談の窓口機能の充実　132
　**column ⑩**　九州大学　女性研究者の養成支援～学生教育から両立支援、意思決定過程への参画まで～　136
　**column ⑪**　東海大学　ホームページをとおしたイクメン事例の発信　139
　**column ⑫**　男性のワーク・ライフ・バランスを推進して社会を変えるNPO法人の取組み　141

## 第4章　学生を対象とした男女共同参画学習とキャリア形成支援　143

　① 学生を対象とした男女共同参画学習の意義　143
　② 学生を対象とした男女共同参画学習とキャリア形成支援の取組み事例　147
　(1) 大学における取組み　147
　(2) 自治体や男女共同参画センター等の活用・連携　152
　**column ⑬**　キャリアとは？　－国立女性教育会館の事業から　161
　**column ⑭**　昭和女子大学　全学共通キャリア教育・キャリア支援の取組み　163
　**column ⑮**　秋田大学医学部における医師キャリア教育の実践　166

## 巻末資料　168

　科学技術・女性研究者支援及び男女共同参画に関する動向　168
　おすすめの本・URL　170

## 索引　172

## 執筆分担一覧　174

（注）　本書掲載の参考URLの参照日は省略した（2月末日確認）

| 第Ⅰ部
〔基本編〕

# 男女共同参画の基本をおさえる

第Ⅰ部〔基本編〕男女共同参画の基本をおさえる

# 第1章　なぜ、大学における男女共同参画が必要なのか

・なぜ男女共同参画を大学で進める必要があるのですか？
・大学における男女共同参画の推進にはどのような歴史がありますか？
・研究者の世界は実力主義なのではないでしょうか？
・ダイバーシティと男女共同参画はどのような関係にあるのでしょうか？

## 1　大学の使命と男女共同参画

　大学の基本的な使命・役割・機能は、教育と研究である。それを通じて、これからの社会の基盤をつくり、また地域貢献や社会のイノベーションに資するなどの社会貢献が求められる。文部科学省は、平成25（2013）年6月に発表した「大学改革実行プラン」の副題として「社会の変革のエンジンとなる大学づくり」とうたっている[1]。
　変化の速い社会において、大学がその目的を果たすためには、教育面においても、研究面においても、多様な立場や経験をもつ人たちによる多様な視点が重要だ。すなわち、それを担う人間のダイバーシティが必要だ。教育と研究という大学本来の使命として、ダイバーシティが不可欠なのである。日本の大学がグローバルな社会に向けて、世界に開かれた大学を目指すためにも、教職員も学生も、もっと人種・民族や年齢構成などが多様になる必要がある。本書では、その観点から、特に大学の男女共同参画に焦点を絞って、その現状や推進のための課題や方策について見ていきたい。

### (1)　高等教育機関における男女共同参画の必要性

　日本社会の男女共同参画状況を世界各国と比べてみると、国連開発計画（UNDP）によるGII（ジェンダー不平等指数）は148カ国中21位（平成25〈2013〉年）、平成26（2014）年発表の世界経済フォーラムによるGGI（ジェンダー・ギャップ指数）は142カ国中104位である。いずれも順位が高いほど男女平等なことを示している。後者のほうが指標の数が多く、取り上げる指標により違いはあるが、残念ながら日本は極めて遅れている。GGIについて見れば、特に政治・経済分野における女性の状況が停滞しており、ほかの国の変化がより速いので、日本の順位は低下傾向にある。教育についても問題がないわけではなく、後述のように高等教育への進学率の男女差が残ることが、指数の順位を下げている。指導的立場の女性を増やしたくても、その人材が不

足していると言われがちである。ずっと以前から課題であったにもかかわらず、この間、社会の主要課題として、そうした人材の育成や登用、そのための環境整備を十分に行ってこなかったつけが回ってきている。今後、日本社会の男女共同参画を推進するには、環境条件の整備とともに、高等教育による女性の人材養成が一層重要である。

もちろん、男女共同参画社会の必要性やそのための方策について、男性の理解を深めるための教育も求められる。

教育の分野は政治や労働などほかの分野に比べて男女平等が進んでいると思われがちだが、4年制大学への進学率は平成26（2014）年現在、男性が54.0％なのに対し、女性は45.6％と、8％以上の開きがある。それでも、女性の大学進学率は、平成7（1995）年に短大進学率を上回り、その後も次第に上昇してきたことは確かである。大学院への進学も次第に伸びてきているものの、男性の半分以下に過ぎない（図表Ⅰ-1-1）。このように男女の差は依然ありながらも、学生には女性が次第に増えているのに対し、教育に当たる大学教員は、助教から学長までを含めても女性の割合は21.8％にとどまる。しかも講師・准教授・教授と職位が上がるにつれ、その割合は低下し、教授ではいまだ14.0％と少ない。圧倒的に男性の指導者が一定程度いる女性の学生を指導していることになる（第Ⅰ部第3章図表Ⅰ-3-22参照）。

これに加え、男女学生の専攻分野の違いも大きい。学部レベルでは、人文科学のほか、資格取得につながる薬学・看護学、教育分野では、学生全体に占める女子の割合がほぼ6割かそれ以上と多いが、理学では26.1％、工学ではわずかに11.7％に過ぎない。さらに、ほとんどの分野で修士課程、博士課程となるにつれ、女子学生の割合が低くなっている（図表Ⅰ-1-2）。

教育に当たる教員の女性比率も専攻分野によって異なるが、講師・准教授・教授となるにつれ、ほとんどの分野で女性の割合が小さくなっている。教授は家政学分野で33.8％が女性であるのが最高で、理学・工学・農学ではわずか5％以下である。大学等の研究本務者の女性全体の割合を各分野別に見ても、各分野の学部・大学院の学生の女性比率よりはるかに低い（以上、データは「学校基本調査」による。詳細は第Ⅰ部第3章参照）。

女子学生から見ると、大学で研究者としての女性のロールモデルが少なく、男子学生も女性研究者と身近に接する機会が少ないことになる。

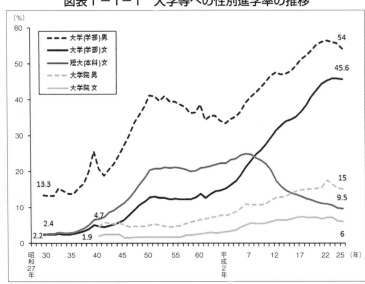

図表Ⅰ-1-1　大学等への性別進学率の推移

出所：文部科学省「学校基本調査」

# 第I部 〔基本編〕男女共同参画の基本をおさえる

これからの大学は、以上の状況に加え、人口減少社会にあって、18歳人口の激減も大きな課題である。社会の中枢を支える人材の供給源が減少するだけに、教育を通じ質の高い人材を育成していくことが一層重要になろう。それとともに、今後は、大学が社会人など広い年齢層の男女など多様な学生を受け入れていくことが必要である。留学生の受け入れを拡大するためにも、あまりに男性に偏った教員構成は、彼らには奇異に映るだろうし、魅力的ではないだろう。このように、経営戦略という点から見ても学生、教員を含めた大学の男女共同参画の推進は不可欠である（詳しくは第I部第2章参照）。

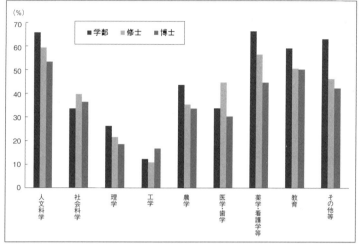

図表 I-1-2 専攻分野別女子学生比率（平成25年）

出所：文部科学省「学校基本調査」より作成

## (2) 研究分野の男女共同参画の必要性

大学の教員は教育者であると同時に研究者である。総務省の統計によれば、博士課程在籍者を含む研究者総数は平成26（2014）年現在では89万人強であるが、その約60％は企業等に所属し、大学等に所属する研究者は36％程度である。この研究者総数に占める女性比率は14.6％にとどまっている。大学等の女性研究者比率は徐々には増えてきてはいるもののいまだすべての分野・すべての職階（含在学者）の合計で25.4％にとどまっている（図表I-1-3）。なお、多くの研究者を擁する企業等の女性研究者比率は大学よりもさらに低く、8％程度である。大学は、日本のこれからの研究分野における男女共同参画の推進を率先して行う必要がある。

今や、学問の真理は絶対的ではなく、人文科学ばかりでなく、自然科学においても相対的だという見方がある。また、何のための科学かも問われる時代である。それらに応えるためには科学を支える人材が多様であることが大事だ。それにより研究の視点の多様性が得られ、新たな視角やテーマ

### 図表 I-1-3 研究者総数と大学の研究者数の推移

（単位：人・％）

| 年度 | 区分 | 総数 | 女性 | 男性 | 女性割合 |
|---|---|---|---|---|---|
| 1985 | 総数 | 447,719 | 28,615 | 419,104 | 6.4 |
| | 大学 | 180,606 | 21,895 | 158,711 | 12.1 |
| 1995 | 総数 | 658,866 | 58,525 | 600,341 | 8.9 |
| | 大学 | 235,702 | 37,271 | 198,431 | 15.8 |
| 2005 | 総数 | 739,504 | 77,720 | 661,784 | 10.5 |
| | 大学 | 259,012 | 49,642 | 209,370 | 19.2 |
| 2010 | 総数 | 889,341 | 121,141 | 768,200 | 13.6 |
| | 大学等 | 308,987 | 73,980 | 235,007 | 23.9 |
| 2014 | 総数 | 892,406 | 130,603 | 761,803 | 14.6 |
| | 大学等 | 317,658 | 80,707 | 236,951 | 25.4 |

出所：総務省「科学技術研究調査報告」より作成

が生まれる。ときには、分野によっては男性をモデルとした学問が見直されるなどの、研究のバイアス除去にもつながるだろう。

女性学・ジェンダー学の発展を支えてきたのは大学の研究者だけではないが、やはり大学に少しずつ参入してきた女性たちの力によるところは大きい。人文社会科学から始まったジェンダーの視点からの既存の学問の再構築は、多様な分野で進んでいる。本書のなかでも、水産学、建築学などの自然科学分野で女性研究者による新たな視角の導入の事例が語られている（第Ⅱ部第2章参照）。研究者の男女共同参画推進は、科学の幅を広げ、科学の発展にもつながる。

また若年世代の人口減少は、大学の教育・研究のレベルの持続的維持という観点からも、研究者の確保という点で大きな課題である。ここでも女性や外国人にも、さらに大学の研究者への門戸を広げることが求められる。筆者の身近な経験でも、かつての人脈に頼った研究後継者の確保から、公募制になった折に、それまで埋もれていた有能な女性の人材が発掘されるようになったことがある。

大学のあるべき姿として、また今日の大学の現実的課題から、女性が大学で学ぶことを一層奨励するとともに、経済的支援を拡充し女性が大学に進学しやすくすること、その女性のなかから研究者を目指す人たちを支援し、男性も含めて研究と家庭生活・子育てなどを両立させやすくする教育・研究環境の整備が求められる。

## （3）　大学の意思決定層の男女共同参画状況

これまで見てきた大学の教育面・研究面での男女共同参画の遅れについて、残念ながら、日本の多くの大学人たちがあまり問題でないと考えているふしがある。これを大学本来の使命にかかわる問題として正面から向き合い、改善に取り組んでいくためには、1つには大学を構成する教職員全体のなかにもっと女性が増えることが必要という循環論になる。しかし、その問題の認識と改革のためにも、大学の学長・副学長・学部長などの意思決定層、また大学全体の教学について審議する評議会などにも女性がもっと参画することが求められる。それは、社会の指導層の男女共同参画状況の一端を構成するとともに、大学の運営のあり方にもかかわる。意思決定層に女性が複数存在することは、その存在だけでも社会が男性だけで構成されているのではないことを、常に大学の構成員に意識させることになる。男女共同参画の推進は女性だけの専任事項ではないが、意思決定層に参入した女性たちは、これまでの自らの経験も踏まえ、女性に配慮した大学運営に積極的にかかわりやすい。このことを意識して、積極的に女性を副学長などに配置する大学も多少は増えてきている。今、男女共同参画の途上にあって、積極的な取組みが不十分な段階では、男女共同参画推進担当の女性の副学長を置くことは有効だろう。

学長・副学長などの実態を見ると、国公私立全大学中、女性の学長は8.4％、副学長は7.1％にとどまる（第Ⅰ部第3章図表Ⅰ-3-22参照）。女性の学長は看護系大学の多い公立大学で15.3％、女子大学が含まれる私立大学で9.0％とやや多く、国立大学では3.5％にとどまっている。

ちなみに、アメリカではUS News & World Report社の平成23（2011）年のトップ30大学にリストアップされていた大学のうち、1位のハーバード大学以下、プリンストン大学、ペンシル

バニア大学、マサチューセッツ工科大学、ブラウン大学、バージニア大学、ミシガン大学と4分の1近くが女性の学長であった（村松 2011：25）。

日本でも、平成 26（2014）年、東京6大学に属する規模の大きな私立大学に女性の学長が誕生したが、今後も共学の総合大学の学長や副学長に女性が増えることを期待したい。

## 2 男女共同参画政策と大学・研究者の取組み

大学の男女共同参画推進の取組みは、今に始まったことではなく、すでにかなりの歴史をもっている。

日本は男女共同参画社会基本法を定めている。これ自体が国連をはじめとする世界の男女平等推進の流れにも後押しされて、平成 11（1999）年に制定されたものだ。その前文には、「男女共同参画社会の実現は 21 世紀の我が国社会を決定する最重要課題」とまで記されている。

基本法に基づき、国は「男女共同参画基本計画」を平成 12（2000）年 12 月以来、5 年ごとに定めており、現在は平成 22（2010）年 12 月に閣議決定された第三次基本計画の下にある。そして、すでに平成 17（2005）年に決定された第二次基本計画以来、平成 32（2020）年までに社会の指導的立場の女性比率を 30％とするという、いわゆる「202030」の目標が掲げられている。

### (1) 日本学術会議・学会・国立大学協会などの取組み

大学や研究者の男女共同参画推進の取組みに早くから取り組んできた組織の1つは、日本学術会議（以下、「学術会議」）と、それに関係した女性研究者たちである。同会議は、平成 6（1994）年 5 月に「女性科学研究者の環境改善の緊急性についての提言（声明）」を総会で採択している。しかし、当時、学術会議の女性会員は 4 名に過ぎず、平成 6（1994）年秋には 1 名のみとなった。そこで外部に女性の学術会議会員と研究連絡委員（のちには連携会員）有志で構成する「女性科学研究者の環境改善に関する懇談会（JAICOWS）」がつくられた。この懇談会の活動もあり、学術会議はその後、「女性科学者の環境改善の特別推進委員会」「ジェンダー問題の多角的検討特別委員会」を順次設置して、課題に取り組んできた。また、会員選出方法の改革を行い、会員中の女性比率も少しずつは改善してきており、平成 23（2011）年 10 月から 26（2014）年 9 月末までの第 22 期は 23.3％となっている[2]。

このほか、特に自然科学分野の学会等の動きとして、平成 14（2002）年には「男女共同参画学協会連絡会」が発足し、毎年のシンポジウムの開催や調査などに取り組んできている。現在、正式加盟が 52、オブザーバー加盟が 33 の学協会にのぼる[3]。

なお、現在、人文社会科学系の学会でも同様の取組みをしようという動きも始まっている。

大学関係の組織では、国立大学協会が平成 12（2000）年の総会で「2010 年までに会員大学の女性教員比率 20％を目指す」という目標を了承しており、その後平成 23（2011）年には、少なくとも平成 26（2015）年までに 17％以上に引き上げることを新たな達成目標としている。そのためにも、平成 13（2001）年から毎年、「国立大学における男女共同参画推進の実施状況追跡調査」

を実施しており、すでに10回を数えている。女性教員比率は年々微増しているが、平成25（2013）年現在14.1％で、さらに加速しないと平成27（2015）年の目標が達成できない状況にある[4]。

なお、平成26（2014）年の学校基本調査によれば、国立大学の女性教員比率は15.2％、公立大学では28.0％、私立大学では26.4％と、公私立大学のほうが高い。ただし、公立大学・私立大学では個別大学の取組みはあっても、国立大学協会のような組織的取組みは今のところない。

ここに紹介した日本学術会議、男女共同参画学協会連絡会、国立大学協会それぞれの男女共同参画の促進のための活動については、本書収載のそれぞれのコラムにさらに詳しい紹介があるので、参照していただきたい。

## (2) 国の助成事業等による取組み

国（文部科学省）も、平成18年度より大学等を対象に「女性研究者支援モデル育成」を開始、当初は自然科学分野の女性研究者支援が主眼であったが、平成22年度からは「女性研究者研究活動支援事業」となり、分野を限定しない事業となっている。平成25年度までに延べ96件が採択されている。また、理工農学系を対象とする「女性研究者養成システム改革加速」でも12件が採択された。このなかには複数回にわたり採択された大学も含まれている。この事業は、大学関係者などの男女共同参画の推進の必要性の認識を高め、実際に一定の実績を伴って成果を上げてきてもいる。

本書を編むに当たり、この事業に採択されたことのある大学、また助成金は受けずに独自に取組みを行っている計20大学を対象に現地ヒアリングを実施した。本書第Ⅱ部では、この調査などに基づき、好実践例などの取組み内容について紹介する。

詳細は第Ⅱ部を参照されたいが、主な取組みは次のような課題にわたっている。

まず、取組みの中心となる組織や拠点の設置がある。国の助成事業に採択される以前から組織的基盤のあった大学もあるが、多くは事業の採択を目指して、あるいは採択されて設置している。大学レベルで本部直結の学部横断的な組織が多いが、学部単位、あるいは他大学・学外組織と連携したものもある。

この組織を基盤とした取組みは、大きく分けて「女性研究者の採用・育成」「だれもが働きやすい環境整備」「学生を対象とした男女共同参画学習／キャリア支援」の3つがある。

大学の女性研究者の数を増やすうえで最も直接的な取組みは、積極的な採用である。これまで排除されがちであった女性を増やすというかけ声で徐々に拡大する傾向もあり、公募による採用にするだけでも隠れていた有能な女性が発掘されることもある。しかし、より積極的な拡大策としてポジティブ・アクションがある。過去において不利な立場にあった女性を積極的に採用・登用する施策を採ることを指す。ポジティブ・アクションと言っても、今のところ、「採用に当たり、男女共同参画の理念を尊重する」「男女の候補が同等の力をもつ場合は、女性を採用する」などを明記する程度の大学が多いが、前述の「女性研究者研究活動支援事業」等の経費を有効に使って、女性枠を設けて採用することにした大学も複数見られる。企業と違い専門分化が細かく、一度採用すると原則として学内の異動はほとんどない大学において、性別で限定した採用には、学

内の異論もあろう。しかし、これまで見てきた大学における男女共同参画の遅れをできるだけ短期間に是正するには、一定期間はこうした策を採用していくことが必要であろう。

採用した女性研究者が上位職に登用もされ、長く教育・研究に従事できるためには、特に出産・育児期に人的・経済的支援を行うことが必要である。学内保育所の設置は、当初は看護師の多い病院をもつ大学が中心だったが、現在は、それ以外を含め多くの大学で行われるようになってきている。介護は今後、男女を問わずますます大きな課題となっていくことが予測される。男女を支援し、ともにワーク・ライフ・バランスの取れるようなだれもが働きやすい環境整備の試みの事例も、いろいろある。

こうした具体的な取組みの必要性や、そもそもの男女共同参画の必要性について、学内構成員の理解を深めるための取組みは、これを一過性の問題としてではなく、大学の使命の一部として持続的に取り組むための基盤づくりとして重要である。さらに次世代の社会を担う学生の男女共同参画にかかわる意識醸成は、大学の重要な役割であり、キャリア教育を含む学習プログラムも多様な形で取り組まれている。

## (3) 取組みの成果と課題

大学の男女共同参画の実現は、社会をリードしていくべき大学として当然のこととして受け止めるべきである。

とは言え、その推進のための取組みによる実際的な成果としては、本書第Ⅱ部でも紹介するように、教育に関しては理系志望の女子学生の増加や、女性研究者の研究成果の増加、研究視角の拡大などが、具体的に見られる。女性に限らず、男女学生にとって女性の教員の存在だけでも、社会の当然の景色として認識されていくだろう。

国が行ってきている大学の女性研究者支援の補助金事業も、女性研究者の増加や、それによる波及効果、また男性の働きやすさにもつながる改革などの実績が上がってきており、さらなる継続・拡充を期待したい。

ただし、これまでこの事業に採択されているのは、圧倒的に国立大学が多い。しかし、皮肉なことに前述のとおり女性研究者の比率などは、国立大学が15％程度であるのに対し、こうした事業にあまり採択されていない公立大学・私立大学のほうが10ポイント以上高い。だからこそ、国立大学は改善に向けた一層の努力が求められる。また、公立・私立大学も、大学として男女共同参画の推進を方針として、さらに改善に向けた取組みを期待したいし、国の助成事業にも積極的に手を挙げてほしい。

もちろん、国の助成事業によらない取組みをしている大学もあり、助成事業に採択されなければ取り組めないということではない。採択された大学でも、それ以前から女性の教職員を中心にボトムアップの取組みの下地があった大学、あるいは学長などのリーダーシップによりトップダウンで取組みを行っていた大学もあろう。

事業に採択されることが目的ではなく、これを契機に持続的に取組みが行われることが必要である。採択期間だけの一過性の取組みにせず、継続・発展させるためには、ボトムアップとトッ

プダウンの取組みがかみ合い、大学の目標としての男女共同参画に向けた組織的取組みが求められる。

　多数の学部をもつ総合大学、女子大学、医学・科学技術・教員養成・芸術その他の単科大学など、大学の特性によって状況や課題が異なるだろう。それぞれの実情と課題を把握したうえで、改善のための取組みを期待したい。

## 注

(1) 文部科学省高等教育局「大学改革実行プラン」2013.6
http://www.mext.go.jp/b_menu/houdou/24/06/_icsFiles/afieldfile/2012/06/25/1312798_01.pdf
(2) JAICOWSホームページ「会長からのメッセージ」
http://jaicows.fc2web.com/jaicows/4.html
(3) 男女共同参画学協会連絡会ホームページ
http://www.djrenrakukai.org/index.html
(4) 国立大学協会ホームページ「国立大学における男女共同参画」
http://www.janu.jp/post.html

## 参考文献

1　原ひろ子・蓮見音彦・池内了・柏木惠子編（2004）『ジェンダー問題と学術研究』ドメス出版
2　村松泰子（2011）「女性の研究者・学長として取り組んできたこと」『IDE現代の高等教育』No.534（女性が変える大学），pp.21-25

村松　泰子

> column ①

# 日本学術会議の男女共同参画の取組み

## ● 日本学術会議とは ●

　日本学術会議は、昭和24（1949）年、行政・産業・国民生活に科学を反映・浸透させることを目的として、政府から独立して職務を行う国の機関として設立されました。主な役割は、政府に対する政策提言、学術に関する国際的活動、科学者間のネットワーク構築、科学についての世論啓発です。人文社会科学・理学・工学・生命科学・医学・農学等、科学の多様な分野から選ばれた210人の会員と、2,000人の連携会員が活動しています。

## ● 70年代から18期（2000～2003）まで ●

　男女共同参画（特に学術における男女共同参画）に関して、日本学術会議は、かなり早い段階から、さまざまな取組みをしています。昭和50（1975）年の国際婦人年と同時期、日本学術会議科学者の地位委員会内に「婦人研究者問題小委員会」が設置されました。当時は学術会議会員に女性は1人もいませんでしたが、この小委員会は、非会員の女性科学者の参加も得て、女性研究者問題のシンポジウムを開催する等の活動を行いました。昭和56（1981）年には、猿橋勝子さんが、学術会議（第12期）の最初の女性会員に選出され、昭和60（1985）年には3人（一番ヶ瀬康子さん・安川悦子さん・林雅子さん）に増えました。平成6（1994）年には、『女性科学者の環境改善の緊急性についての提言（声明）』が総会で採択されました。また同年学術会議関連女性研究者たちにより、「女性科学研究者の環境改善に関する懇談会」（JAICOWS）が設立されています。さらに平成12（2000）年にも、「女性科学者の環境改善の具体的措置について（要望）」「日本学術会議における男女共同参画の推進について（声明）」が総会で採択されています。これらの活動の成果もあり、平成12（2000）年（第18期）には、それまでながらく増加しなかった女性会員数が、7名に増えました。平成15（2003）年には、ジェンダー問題の多角的検討特別委員会の提案による報告『ジェンダー問題と学術の再構築』が了承されました。この報告は、「女性研究者の環境改善」「ジェンダー視点による学術の再構築」「男女共同参画社会に向けての長期的課題」という3つの提言を含んでおり、ここに初めて、「学術における男女共同参画」という課題が「学術の再編成」を通じて、「男女共同参画社会の形成」という課題と関連づけられて提言されたことになります。

学術会議における女性会員数も、これ以降、大きく増加していきます。平成15（2003）年（19期）には13名になりました。また、ジェンダー研究の研究連絡会（「ジェンダー学研究連絡会」「21世紀の社会とジェンダー研究連絡会」）も発足し、平成17（2005）年6月には、両研究連絡会が共同して、ジェンダー研究が男女共同参画社会の実現にとって大きな役割を果たすことを主要な内容とする報告『男女共同参画社会の実現に向けて－ジェンダー学の役割と重要性』を公表しました。同時期、一部のメディアなどでジェンダーという概念についての誤解に基づく報道がなされていましたが、この報告は、ジェンダー研究の意義を政府・科学者コミュニティ・社会に明らかにするうえで、大きな役割を果たしました。

## ● 20期以降の取組み ●

　平成17（2005）年10月、学術会議の制度変革を経て、20期から学術会議が新体制になりました。このとき女性会員数は、19期の13人から一挙に42名に増えました。また機能別委員会である科学者委員会に、「男女共同参画分科会」が設置され、学術における男女共同参画の現状把握と促進策の検討を行うことになりました。

　さらに、新体制下で始まった学術における重要課題を審議する課題別委員会の1つに、「学術とジェンダー委員会」が採択され、設置されました。この委員会は、文系分野におけるジェンダー研究と理系（生命科学・生物学分野等）の性差やジェンダーをめぐる学術的見解の相互理解と一般の人々に対する「性差・ジェンダー」に関する適切な学術的見解の提供を目的として、活動しました。1年という時限のなかで、同委員会はシンポジウム『身体・性差・ジェンダー～生物学とジェンダー学の対話』を平成18（2006）年10月開催し、平成18（2006）年11月には『対外報告提言：ジェンダー視点が拓く学術と社会の未来』を公表しました。

　他方、科学者委員会男女共同参画分科会は、平成19（2007）年対外報告『学術分野における男女共同参画の取組と課題』を公表しました。また、平成19（2007）年には、国立大学・私立大学・公立大学を含む全国大学を対象にした大学における男女共同参画の現状を把握する調査を実施し、平成20（2008）年7月に提言『学術分野における男女共同参画促進のために』において、結果を公表しました。この調査結果は、すべての大学を対象にして男女共同参画推進状況を把握する日本初の調査であり、大変貴重なものだと評価されました。そのなかで明らかになったのは、日本の大学においては、国立大学を中心に男女共同参画を推進する施策が採られているものの、実際の女性教員比率は大変低い数値にとどまっていること、他方私立大学・公立大学では、女性教員比率は平均して国立大学よりも高いものの、男女共同参画施策があまり行われておらず、意思決定過程への女性の参画も進んでいないという現状でした。この結果は、その後3年ごとに同分科会によって2回行われた同様の調査によっても、あまり変化しておらず、遅々として進まない日本の

大学における男女共同参画推進状況を明らかにしています。

　21期（平成20〈2008〉〜23〈2011〉年）、22期（平成23〈2011〉〜24〈2012〉年）においても、女性会員比率は20％以上が維持されています。科学者委員会男女共同参画分科会も活動を継続し、学術における男女共同参画の推進に向けたさまざまな課題を検討し、調査結果等を公表しています。またジェンダー研究関連の分科会は、社会学・歴史学・法学等多くの分野別委員会内に設置されるようになり、22期にはそれらの分科会の連携を図る「複合領域ジェンダー研究分科会」も設置されています。

## ●東日本大震災・学術会議・男女共同参画●

　しかし、近年の学術会議の男女共同参画に関連する活動のなかで、記憶されるべき最も大きな取組みは、平成23（2011）年3月11日の東日本大震災以降の、災害に関する取組みだと思います。震災後、日本学術会議はさまざまな緊急提言を行いましたが、平成23（2011）年4月15日に第六次緊急提言として「救済・支援・復興に男女共同参画の視点を」を公表しました。同年6月11日には、学術フォーラム「災害・復興と男女共同参画」を開催しました。いずれも、従来十分認識されていなかった「災害をジェンダー視点で見る」ことの重要性と意義を明らかにする活動と評価されました。まさにこの災害に関する日本学術会議の取組みは、「学術における男女共同参画の推進」が、「ジェンダー視点による学術の再編」を媒介に、常時だけでなく緊急時においても男女共同参画の視点を入れて行動できるよりよい社会形成に向けた提言を行うことに結びつくことを、例証する取組みだったと思います。今後とも、学術会議における男女共同参画の取組みに、関心をもっていただければ幸いです。

首都大学東京教授・副学長／日本学術会議科学者委員会男女共同参画分科会第22期委員長

江原　由美子

# 男女共同参画学協会連絡会の設立と取組み

column ②

## ● 男女共同参画学協会連絡会の設立 ●

　平成13（2001）年2月、応用物理学会に「女性研究者ネットワーク準備委員会」が発足しました。今でこそ、少子高齢化社会に対応して女性の活用を図ろうという意見はよく聞かれますが、企業に所属する研究者・技術者の割合が60％を占めている応用物理学会では、当時から、産学連携や社会との接点には敏感でした。設置された委員会の活動を通じて、出産・育児のライフイベントが、職場における採用・昇進といった諸制度とうまくかみ合わず、女性（特に、意思決定権のある立場まで）の社会進出が困難になっていることがわかりました。こうした指摘を受けて、同年7月には、日本の学会として初めて、会員の意識向上と学会活動における男女共同参画の実現を目指した「男女共同参画委員会」が、理事会の承認を経て発足しました。

　翌年3月には、国際純粋・応用物理学連合（International Union of Pure and Applied Physics：IUPAP）主催で行われた女性物理学研究者の現状についてのパリ国際会議（Women in Physics）に応用物理学会と日本物理学会が代表団を組織し、派遣しました。パリ会議では、日本における両学会員の現状についてのアンケート結果を報告し、大きな反響がありました。また、アンケートの解析結果から、物理学を基盤とする両学会間でも、理学と工学とでは現状認識にかなりの違いがあることがわかり、専門分野の異なる学協会間で連携を行うことで、男女共同参画推進を図る必要があるとの機運が生まれました。

　そこで、応用物理学会、日本物理学会、日本化学会の会長が発起人となり、男女共同参画と社会貢献を目的として、理工系の学術学協会の連合団体である「男女共同参画学協会連絡会」（以下、「学協会連絡会」）が創設されることになったわけです。当初の正式加盟学協会の数は18、オブザーバーは13、計31団体で、この学協会連絡会はスタートしています。

　設立集会は、平成14（2002）年10月7日、御茶ノ水の日本化学会講堂にて開催されました。当日は、来賓として、文部科学大臣遠山敦子氏、内閣府男女共同参画局長坂東眞理子氏、文部科学省主任社会教育官名取はにわ氏（役職はすべて当時）を迎え、行政からの期待や制度、財政上の支援などについて、祝辞と講演を頂戴しました。100名を超える参加者により、活発な議論が交わされ、「自然科学ならびに科学技術関連分野において、男女のバランスの取れた参画が今後の発展に極めて重要であることを認識し、男女共同参

画社会の実現に向けて、ともに協力し合いながら行動する」という趣旨のアピール文が採択されました。連絡会の運営は、委員長、副委員長、事務局を正式加盟学会の1年単位の持ち回りとし、初年度は、幹事学会として応用物理学会が引き受けることになりました。

## ●これまでの活動●

発足後、「学協会連絡会」は男女共同参画の実現を目指して、さまざまな活動を展開してきました（図表②-1の組織図を参照のこと）。諸活動のなかでも特筆すべきものとしては、大規模アンケートがあります。科学技術における専門職の課題を抽出して提言をまとめるためには、まず、現状を正確に把握する必要があります。そのため、文部科学省から委託を受けて、大規模アンケート「21世紀の多様化する科学技術・研究者の理想像―男女共同参画のために―」を実施しました。連絡会に参加する全学会を対象とし、理工系分野の技術者・研究者を広範囲から集めたアンケートは、実に19,291件（女性比率16.1％）もの回答を得ることができました。この調査結果の詳細な分析によって、男女を問わず、研究者・技術者が置かれた「職場環境」や「仕事と家庭の両立」の課題などが浮き彫りにされ、育児支援と研究助成に関する提言が、内閣府の「男女共同参画白書」でも取り上げられました。これが、平成18（2006）年からの文部科学省による「女性研究者支援モデル育成（現在：女性研究者研究活動支援事業）」などの新たな政策に反映されることになります。この事業には、これまでに108（平成26年度）の大学・研究機関が採択され、女性研究者の活躍を推進するうえでの1つの大きな原動力となっています。

「学協会連絡会」設立12年目を迎えた平成26（2014）年には、正規加盟学会は53、オブザーバー学会34と、理工系学協会を縦断する大きな組織に成長を遂げています。この間、日本物理学会、日本化学会、電子情報通信学会などの会員数は多いけれども、女性

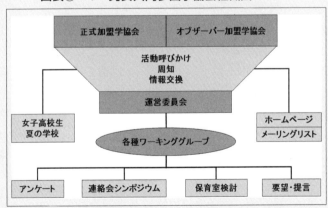

図表②-1　男女共同参画学協会組織図

出所：男女共同参画学協会連絡会：http://www.djrenrakukai.org/

なぜ、大学における男女共同参画が必要なのか 第1章

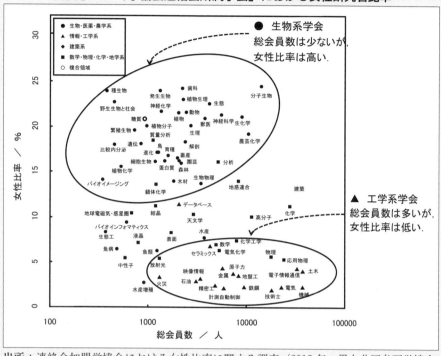

図表②-2 「学協会連絡会所属学会」における女性研究者比率

出所：連絡会加盟学協会における女性比率に関する調査（2013年・男女共同参画学協会連絡会）
注　：図表の○枠および注釈文は著者による

比率が大変低い学会から、日本生理学会、日本動物学会など会員数自体はあまり多くはないが、女性の会員比率は高い学会（図表②-2）など、さまざまな団体（12学会）が交代で幹事学会を務めています。さらに、前述の大規模アンケートは、平成22（2010）年、平成25（2013）年と実施が継続されています。特に、平成25（2013）年の第3回アンケート（98学会の協力、回答数約16,000件）には、子育てに加えて、介護など、この5年間の社会変化を考慮した新たな項目も追加され、結果を踏まえて公表された要望書には、平成27年度の国の施策として盛り込まれるべき次の5項目（①女性リーダー育成の推進、②ワーク・ライフ・バランス基盤の定着、③女性研究者・教員割合の数値目標設定の促進とデータベース化、④次世代を担う女性研究者育成、⑤国際的ネットワーク形成の推進支援）が挙げられています。

　男女共同参画を目指した多様な取組みが実を結びはじめている一方で、女性研究者（特にリーダー）の育成という点では、まだまだ多くの課題が残されています。今後は、関係省庁や日本学術会議などの諸機関との連携強化が求められます。アカデミアのみならず社会における男女共同参画の牽引役としての役割を今後も「学協会連絡会」が果たしてくれることを期待しています。

**参考文献**

1 小舘香椎子（2002）「IUPAPInternational Conference on Women in Physics 報告」『応用物理』第 71 巻, 7 号, pp.911-914.
2 小舘香椎子（2005）「学協会における男女共同参画への取り組み」『電子情報通信学会誌』第 88 巻, pp.855-860.
3 日本学術協力財団, 小舘香椎子（2006）「どこまで進んだ男女共同参画」『学術会議叢書 12』.
4 男女共同参画学協会連絡会
 http://www.djrenrakukai.org/

男女共同参画学協会連絡会初代委員長／日本女子大学名誉教授／元 JST 男女共同参画主監

小舘　香椎子

# 第2章 大学経営戦略としての男女共同参画の推進

- なぜ大学に「経営」や「戦略」の概念が必要なのですか？
- 組織としての大学に必要な基盤とはどのようなことですか？
- 男女共同参画の推進は、大学の経営とどのような関係がありますか？
- 教員と職員に期待される役割は何でしょうか？

## 1 自由の尊重と経営の確立をいかに調和させるか

　大学経営戦略としての男女共同参画を論じるに当たっては、経営や戦略という概念との親和性が低いと思われがちな大学で、なぜ今「経営」なのかという点から考えていく必要がある。

　確かに近年、大学においても経営や戦略という言葉が抵抗もなく使われるようになってきたが、教員を中心にいまだに違和感を抱く関係者も多く、この認識のギャップが大学における諸改革の難しさにつながっている面もある。この違和感こそ大学の大学たるゆえんでもあり、やみくもにそれを否定するのではなく、違和感の根底にある価値観を尊重しつつ、大学における経営戦略の意義、位置づけ及びあり方を筋道立てて考えていく必要がある。

　大学の基本機能である教育と研究は、自由の尊重の上に築かれるものである。研究は教員の興味・関心に基礎が置かれ、学生も何を学び、どのような生活を送るか、自らの意思で選択するなかで自立した精神や態度が養われていく。そのうえで、自由であるからこそ自らを厳しく律することが求められ、自由を尊重する教育研究を支えるためにも確かな経営基盤が必要であるとの認識を共有しておかなければならない。

　経営は利益追求と同義ではない。人、物、資金、情報などの経営資源を効率的に活用し、組織目的を協働して実現することが経営である。したがって、どこまで組織目的を実現できたのかを意味する有効性と、いかに上手に経営資源を活用したのかを意味する効率性の両方が求められる。大学も、利益追求こそ目的にしないが、目的を掲げて設置された組織である以上、有効性と効率性の追求が求められるのは当然である。

　このことと先に述べた自由の尊重をどう両立させるかが、他の組織にはない大学ゆえの難しさであり、この問題に正面から向き合い、その解を見出さない限り、いかに声高に改革を叫び、改革という名の表層的な組織・制度変更を繰り返しても、未来を切り拓く力をもった大学をつくり上げることはできない。

## 2 世界で競い合い、厳しい環境で持続・発展するために「戦略」は不可欠

次に、大学において「戦略」が必要とされる背景を考えてみたい。

「2018年問題」と言われるように、120万人の踊り場が続いた18歳人口も再び減少に転じる時期が間近に迫っている。平成26（2014）年7月発表の厚生労働省「平成25年国民生活基礎調査」によると、子どもの貧困率は平成24（2012）年時点で16.3％に達している。家計への依存度の高い日本の高等教育事情を考えると大学進学率の上昇も当面は期待しがたい。さらに、国債及び借入金残高が1千億円を超えるなか、公財政支出のさらなる抑制が経営の圧迫要因となる可能性も高い。

このような外的環境のなか、これまでと同様に研究業績を重視し、個々の教員の研究力とそれに裏打ちされた教育力に依存すれば存続できるという大学はごく一部に限られるだろう。このような大学においても、世界で競い合うためには、個々人の研究のみならずプロジェクト研究など組織的な研究により、高い研究成果を生み出し発信するとともに、優れた人材を惹きつけることのできる質の高い教育を実現する必要がある。そのための組織的基盤の整備と経営資源の戦略的投入が不可欠となってきている。

これらのごく限られた大学に対して、多くの大学が置かれている状況ははるかに厳しく、すでに、平成26年度において入学定員未充足の私立大学は前年度から33校増加して265校となり、私立大学全体に占める割合は5.5ポイント上昇して45.8％となっている（日本私立学校振興・共済事業団「平成26年度私立大学・短期大学等入学志願動向」より）。際立った特色や強みがなければ、激化する競争のなかで埋没し、生き残り自体が難しくなる大学も増加してくるだろう。

世界のトップレベルで競い合うためにも、地域や特定分野で存在感を高めつつ持続・発展するためにも、自校の立ち位置と目指す方向を明確にしたうえで、それに向けた道筋や手順を示し、実現に向けて組織を着実に進化させていかなければならない。そのための「戦略」が求められている。

## 3 大学にふさわしい経営と戦略を定着させるために必要な9つの課題

大学における経営と戦略の意味について述べてきたが、大学がその歴史とともに形成してきた独自の文化と調和させつつ、それらを定着させ、有効に機能させるために何が必要かについて、経営学の理論やさまざまな組織の改革事例などをもとに考えてみたい。

その要点は以下のとおりである。
1. 使命・目的の再確認と目指す大学像の明確化
2. 当該大学において重視すべき価値の共有
3. 大学内の各組織に位置づける機能の明確化
4. 円滑な運営を可能とする業務プロセスの構築と標準化の促進

5. データベース化を含む可視化（見える化）の促進
6. 構成員個々に期待する役割と構成員個々が担うべき責任の明確化
7. 大学の発展と個人の成長に資する人材マネジメントの確立
8. コミュニケーションの活発化
9. 専門や役割・立場を超えて互いを尊重（リスペクト）し合える組織文化の確立

　いくつかの点について説明すると、2.の重視すべき価値の共有については、多様な価値観の尊重を前提にしたうえで、これだけは全学で共有すべきだとする価値を明らかにし、その徹底を図るという趣旨である。米国を代表する世界的企業ゼネラル・エレクトリック社（GE）においては、全世界の社員が共有すべき価値観・行動規範としてGEグロースバリュー（外部志向、明確でわかりやすい思考、想像力、包容力、専門性）を定め、人事考課においては業績とこのバリューの発揮を同じウエイトで評価していることが知られている。

　国公私立を問わず、近年の大学にはさまざまな組織がつくられ、国による大学改革を推進・支援するための事業も新たな組織の設置を促すような面があり、組織が複雑化する傾向にある。一つひとつの組織に位置づける機能が何であり、他の組織とどのような分担関係にあり、これらを有効に機能させるためにどのような業務プロセスを構築するかといった点を十分に考慮して、組織と業務プロセスを設計する必要がある。それが3.と4.を挙げた理由である。

　そのうえで、6.に示したとおり、構成員個々の役割と責任の明確化を図る必要がある。職員を例に取れば、担当業務は明らかになっているものの、「理事会や教員の指示どおりに動けばよい」「出過ぎたことはするな」という風潮が根強く残るケースもあるようである。本来期待される役割が何であり、何に責任を負うべきかが明らかでなければ、人事評価システムを導入したところで、何を基準に評価してよいかわからず、評価自体に対する信頼を欠いたまま運用されることになる。

　人事評価を含めた人材マネジメントを、大学の発展と個人の成長の両方に資するものとしてどう確立すべきかが7.である。教育においてアドミッション、カリキュラム、ディプロマの3つのポリシーが重視されるのと同様に、教員と職員の人材マネジメントについても、期待する人材像、組織への貢献と個人の成長を促すしくみ、将来のキャリアへの展望などを明らかにする必要がある。

　職員について言えば、国立大学では、減少しつつあるとは言え、部課長に占める異動官職のウエイトは依然として大きく、公立大学でも自治体からの派遣職員が役職の多くを占めるといった状況が見受けられる。そのため、法人化後に採用された職員が将来のキャリアを描きにくく、そのことが彼ら彼女らの成長を抑制する方向で作用しないか危惧されるところである。

## 4　女性教員の登用は長期的視点に立ち、強い信念をもって取り組む課題

　大学における男女共同参画の推進は、先に述べた9つの課題と深くかかわっており、それらの課題に大学がどれだけ真摯に取り組み、成果を上げるかに、その成否がかかっていると言っても

過言ではない。大学における組織基盤の再構築と男女共同参画の推進は、その根幹とも言える部分で強く結びついており、男女共同参画を組織基盤の再構築の好機とし、推進力とする発想が必要ということが本章で強調したいポイントである。

言うまでもなく、女性の活躍促進は最も重要な政策課題の1つとなり、国を挙げて強力に推進されようとしている。

大学の現状を文部科学省「平成26年度学校基本調査」に基づき確認すると、平成26年度の全国の学部学生数は2,552,051人、そのうち男子1,434,269人、女子1,117,782人、男女比は56対44となっている。それに対して大学教員は全180,882人のうち、男性教員140,139人、女性教員40,743人、男女比は77対23と、女子学生の比率に対して女性教員の比率が依然として低い水準にあることがわかる。第4期科学技術基本計画において、「女性研究者の登用は、男女共同参画の観点はもとより、多様な視点や発想を取り入れ、研究活動を活性化し、組織としての創造力を発揮するうえでも、極めて重要である」と明記されているが、18歳人口の減少や財政的な制約により大学教員数自体が抑制されるなか、女性教員の比率を向上させるのは容易ではない。

大学教員の育成を担う博士課程の状況も確認しておきたい。前記調査による平成26年度の博士課程在学生は73,703人、うち男子49,384人、女子23,319人、男女比は67対33となっている。専攻分野別の男女比を見ると、人文・社会科学は55対45、理学・工学は83対17であり、人文・社会科学の博士課程修了生が大学教員のポストに就けるようにその育成・支援を強化すること、理学・工学分野を専攻する女子学生を学部段階から増やし、大学院を経て、大学教員につながるキャリアをより太くすることなどが課題であることがわかる。

女性教員の登用を促進する最も重要な目的は、男女を問わずより広い母集団から選抜し登用することで、教育研究の高度化を担う、より優秀な教員を確保することである。母集団が広がることでその可能性は高まるはずである。もう1つは、女子学生の比率が高まるとともに、多様な学生が入学してくる状況において、学生に対するきめ細やかな学修支援、学生相談、キャリア支援などがこれまでにも増して求められており、その点においても女性教員に期待される役割は大きいと思われる。

だからと言って女性教員比率といった目先の数字だけを意識した取組みでは早晩行き詰まるだろう。女性教員の登用は、大学院への進学促進や大学院教育の高度化を含めて長期的な視点で取り組む必要があり、同時に、それが大学における教育研究の高度化につながるとの強い信念をもち、その認識を広く共有しながら進めなければならない。

## 5 個々の職員に期待する役割と個々のキャリア意識を調和させる

次に、理事会や学長・学部長等を支えて経営を担い、教員と協働することで教育研究の高度化に取り組む職員について、男女共同参画の現状と課題を考えてみたい。

「平成26年度学校基本調査」によると、国公私立大学を合わせた全事務系職員数は84,762人、うち男性職員は44,867人、女性職員は39,895人、男女比は53対47と学部学生に占める女子学

生比率を若干上回る状況にある。私立大学に限れば、49対51とわずかだが女性職員数が上回っている。その一方で、正確なデータがないため検証はできないが、役職者に占める女性比率はそれよりもかなり小さく、上位役職になればなるほど低くなる傾向にあるものと考えられる。

大学の業務は、教育の質の保証、研究面における競争的資金の獲得、学生支援の充実などますます高度化する方向にあり、国際交流、産学連携、地域・社会連携などその範囲も急速に広がりつつある。経営面でも、長期の戦略や計画の策定、財務戦略、学生の募集戦略や広報戦略など、これまでにも増して高い能力が問われる業務が増加しつつある。

教員の貢献も当然に必要だが、これらの業務の大半が職員の貢献なしに成果を挙げ得ないことは明らかである。知識・スキルを持続的に高めながら、強い当事者意識をもって能動的に取り組む状況をどうつくれるかが、大学の競争力を左右する大きなポイントである。個々の大学の職員組織がそれに相応しい体制や状態になっているか、冷静に見極めて、必要ならば対策を講じていく必要がある。

我が国の大学全体で見ると、平成26年度における教員と事務系職員の比率は2.13対1である（前掲調査を基に筆者算出）。米国の大学に比べると、職員の比率が相対的に低いと言われているが、人件費が抑制される一方で、前述のとおり業務量は増加する傾向にあり、勤務の長時間化や職員間における負荷の不均衡の拡大なども懸念される。また、教員との分担関係について、教員と職員の間で、あるいは職員の間で認識が異なり、意欲のある職員の士気を削ぎ、大学への忠誠心を低下させることも考えられる。

筆者自身がかかわる大学の職員組織を観察し、国公私立を超えてさまざまな大学の職員から話を聞くと、知識を貪欲に吸収し、新たな業務に積極的に挑みながら、キャリアアップを目指す者が増える一方で、教員の指示や規則に従ってルーティンをこなし、事務に徹する者が依然として多いこともわかる。部課長層とそれ以下の層、入職した年代の違い、大学以外の職務経験の有無などで、職員の役割、仕事やキャリアに対する意識の違いが生じていることもある。このことは、教員と職員の連携・協働、職員間での協力に支障をきたすだけでなく、コンフリクトにもつながりかねない。

自身の人生において仕事に何を求め、キャリアをどう描くかは、人それぞれに違いがあって当然であり、優劣をつけるものではない。そのことと前記6.の個々人に期待する役割と責任を明確にすることは別次元の問題である。人材マネジメントには経営の視点と人の視点の両方が重要と言われている。大学として個々の職員にいかなる役割を期待するかという視点と、職員自身が大学におけるキャリアをどう描き、いかなる形で貢献したいと考えるかという視点を、対話をとおして突き合わせ、調和させることが大切である。

そのためにも、マネジャーにふさわしい人材を発掘し、計画的に育成する必要がある。その母集団が男性中心であれば、候補人材が限られてくるのは自明である。一方で、女性職員のなかにはキャリアアップよりも、無理することなく個人の生活と両立させたいと考える者も少なくないだろう。そのことを尊重し、それにふさわしい役割を付与する必要もあるが、同時に、キャリアアップを目指すことと個人の生活を重視することが両立し得る業務体制と支援制度の確立、職場

風土の醸成にも取り組まなければならない。

　前述の4.と5.は業務体制の確立にかかわる事項であり、8.と9.は職場風土醸成の土台となるべき事柄である。男女共同参画を組織基盤の再構築の好機とし、推進力とすべきとする考え方の意味はここにある。

## 6　男女共同参画の推進は、未来を切り拓く大学の組織づくりそのもの

　本章の冒頭に、目的を掲げて設置された組織には、有効性と効率性の追求が求められると述べたが、これからの組織はそれに健全性を加えた三角形を意識しながら運営されなければならないと考えている。組織が健全であることの最大のポイントは個々人の尊重であり、相互リスペクトである。人間は組織の構成員であるがパーツではない。1人の人間としての学びや体験をとおして培った知識、スキル、情熱を仕事に乗せて、組織に注ぎ込むことで組織目的の実現に貢献する。それが基本ではなかろうか。

　男女共同参画の推進は、未来を切り拓く大学の組織づくりそのものである。

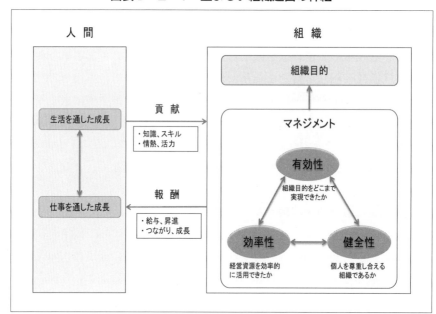

図表Ⅰ-2-1　望ましい組織運営の枠組

吉武　博通

## column ③

# 国立大学協会の取組み

　社会のさまざまな問題の解決に資する学術研究を推進するためには、社会を構成する多種多様な人材の参画による多角的な視野が不可欠ですが、我が国における女性研究者の比率（平成23年度）は13.6％にとどまり、アメリカ（34.3％）やフランス（27.4％）と比較しても著しく低く、世界的に見ても極めて不十分です。

　国立大学協会では、平成13（2001）年より男女共同参画の推進状況を継続的に調査・公表し、各国立大学に男女共同参画の積極的な推進を促してきました。

　また、平成23（2011）年2月には「国立大学における男女共同参画推進について―アクションプラン―」を策定し、女性研究者への支援の拡大や就業環境の整備・充実等、大学が取り組むべき4つの事項（①男女共同参画の推進体制の整備、②女性教員・研究者の拡大、③就業環境の整備・充実、④意識啓発の推進）を提言するとともに、平成27（2015）年までに女性教員比率17％以上の達成目標を定め、男女共同参画のさらなる充実に取り組んでいます。

　ここで、「国立大学における男女共同参画推進の実施にかかる第10回追跡調査」（平成25年度実施）をもとに国立大学における男女共同参画の推進状況について概観します。

　まず、国立大学における男女共同参画推進体制ですが、ほとんどの大学で基本方針等を作成し、男女共同参画推進室等を設置するなど、検討推進体制は整備されています。

　次に、男女共同参画推進状況を数値で見てみます。

　全国立大学教員に対する女性教員比率は14.1％ですが、目標である17％以上を達成している大学は27大学（平成23年度は20大学）であり、15％以上の大学は45大学（平成23年度は35大学）と過半数に達しています。

　職別に見ると、学長3.5％、理事2.3％、副学長6.6％、教授8.4％、准教授14.7％、講師19.1％、助教19.6％と、高い職階での比率はまだ低くなっているものの、すべての職で女性比率を着実に伸ばしています（図表③－1参照）。

　専門分野別を見ると、女性教員比率が高い分野から家政56.5％、人文科学22.6％、教育21.2％、保健19.2％、芸術17.2％、社会科学15.7％、商船8.3％、農学8.2％、理学6.6％、工学4.5％であり、第1回調査から各専門分野の順位はほとんど変化がありません（図表③－2参照）

　また、家政、人文科学等の学生の女性比率が高い分野は女性教員比率も高く、工学・理学など学生の女性比率が低い分野は、女性教員比率も低くなっています。

# 第Ⅰ部 〔基本編〕男女共同参画の基本をおさえる

育児・介護への支援策として、勤務時間の弾力化等の就労環境の整備・充実を図っている大学は97.7％で、ほとんどの大学で実施しています。また、研究補助者の配置等の研究継続支援体制の整備・充実を図っている大学は80.2％（平成23年度は62.8％）であり、文部科学省「女性研究者研究活動支援事業」の活用などにより、近年特に取組みが拡大しています。

育児休業からの復帰を容易にするための施設整備や就労環境の充実を図っている大学は76.7％であり、学内保育所または連携保育所を有している大学は55.8％、マタニティコーナーなど保育施設・設備を設けている大学は33.7％です。また、育児・介護にかかわる教職員へのメンタル的なサポート体制の整備・充実を図っている大学は68.6％となっています。

● 今後に向けた課題 ●

本調査を踏まえ、目標を達成するため積極的に取り組むべきこと、特に取組みが弱いと考えられることを指摘しておきたいと思います。

第1は、学内における男女共同参画の意識啓発です。女性教員比率を上げることが大学全体としての重点課題であることを学内に再認識してもらう取組みが必要です。また、

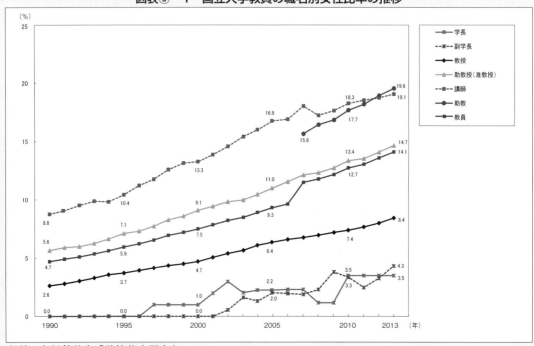

図表③-1　国立大学教員の職名別女性比率の推移

出所：文部科学省「学校基本調査」
注　：「教員」は職名別の合計を示す

大学の意思決定機関等への女性参画がいまだ不十分なため、積極的な登用を推進する必要があります。

第2は、積極的な女性教員の採用です。

学生の女性比率が高い分野はもちろん、理工系など学生の女性比率が低い分野においても、学生の段階からその比率を高める取組みを強化する必要があります。

なお、近年では「女性教員採用に対するインセンティブ経費配分」や「女性限定公募」などの大胆な取組みを行い、大きな成果を挙げた大学もあり、このようなポジティブ・アクションの意義についての理解を広めていくことも重要です。

第3は、仕事と子育てを両立できる就労環境整備です。

特に、保育所が整備されていない大学については、育児している教員からの要望に応えられるよう就労環境を整備する必要があります。

平成26（2014）年6月、「日本再興戦略」改訂2014が閣議決定されました。そのなかで「女

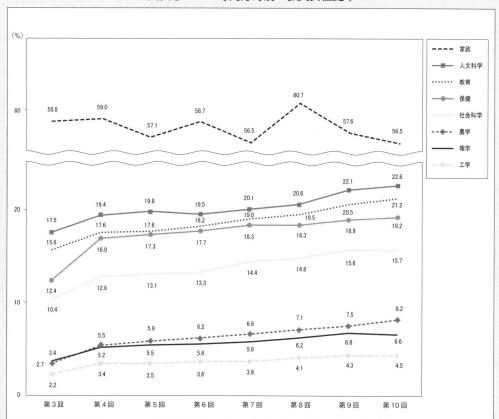

図表③-2　専門分野別　教員女性比率

出所：国立大学協会「国立大学における男女共同参画推進の実施に関する追跡調査」
注　：商船と芸術分野を除く

性の更なる活躍促進」が盛り込まれ、女性が活躍できる環境整備の推進が掲げられました。女性の活躍推進は、大学の活性化のための「戦略」として位置づける大学も増加しています。国立大学協会は、この好機を逃すことなく、大学における男女共同参画の促進活動を継続するとともに、政府の支援も活用しつつ、各大学の女性教員の増加のための取組みを一層充実させ促進するために尽力してまいります。

国立大学協会教育・研究委員会男女共同参画小委員長／熊本大学長
谷口　功

国立大学における男女共同参画の取組みについて
詳しくはホームページ　http://www.janu.jp/post.html

# 第3章 データが語る大学の男女共同参画

・女性研究者は増えているのですか？
・研究者に占める女性の割合は、学部によってどのくらい差があるのですか？
・大学の男女共同参画推進の状況を知るデータはありますか？
・女性が働くことに関する意識は変わっているのでしょうか？

## 1 男女共同参画に関するデータ

　大学の男女共同参画の現状はどうなっているのか、それをデータから描き出そうとすることがこの章の目的である。大学のデータを紹介する前に、まず日本の男女共同参画の状況を概括しておこう。現在、日本ではあらゆる分野で男女共同参画の推進が進められている。大学の男女共同参画も大学の取組みとしてだけ実施されるのではなく、日本社会全体の動向を視野に入れることによって、より広がりがあるものになるだろう。

### (1) 労働力

　まず、日本の人口構成を見てみよう。日本は少子高齢化が進んでおり、少子高齢社会にどのように対応するかが大きな政策課題となっている。高齢化の指標として高齢化率が取り上げられることが多い。この数値は65歳以上人口が総人口に占める割合で、この数値が7～14％であれば「高齢化社会」、14～21％で「高齢社会」、21％以上で「超高齢化社会」と言われる。日本は平成19（2007）年に21.5％になり「超高齢化社会」となった。平成26（2014）年4月に総務省が発表した推計人口によると、平成25（2013）年は25.1％へと上昇した。高齢化の傾向は今後も続き、平成67（2055）年には39.4％に至ることが予測されている（図表Ⅰ-3-1）。

　このような「超高齢社会」においては生産年齢人口（15～64歳）の割合が減少するので、労働力が不足していくことは目に見えている。女性も男性ももっている力を発揮することが豊かな生活を維持するためには求められるようになってきた。これまでは「男は仕事、女は家事・育児」という性別役割分担意識の下「仕事の場」は主に男性の領域とされてきた。

　しかし、少子高齢化が進み労働力人口が減少するなかでは、生産年齢の男性の労働力だけで高齢化の進む日本社会を支えていくことはもはや現実的ではない。女性が労働の場で活躍することが不可欠となってきた。

もっとも考えてみれば、農業や自営業が多い時代には、女性は家族労働者として重要な労働力だったことは想像に難くない。高度経済成長期に雇用者が増加するなかで、「労働の場」が男性の領域、「家事・育児」が女性の領域とされ、性別役割分担意識が浸透したと言われている。

平成2（1990）年以降は、脱工業化や経済の停滞といった社会の変化のなかで共働き世帯が増加した。働力総人口に占める割合は増加傾向にあり、働いている人の半数近くは女性である。

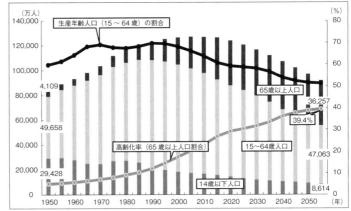

図表Ⅰ-3-1　日本の人口構成

出所：国立社会保障・人口問題研究所『人口統計資料2014』より作成
注：国立社会保障・人口問題研究所『日本の将来推計人口』（平成24年1月推計）出生中位（死亡中位）による

## (2) 女性の働き方と男性の働き方

働く女性は増加しているが多くの課題もある。

第1に挙げられるのは、女性の働き方と男性の働き方とは大きな違いがあることである。女性の年齢階級別労働力率を見てみよう。女性は学校を卒業するといったん働くが、結婚、出産で仕事を辞め、子どもが大きくなって手がかからなくなると再び働くという曲線を描いている。いったん落ちた就業率が再び上昇するというグラフの形状はアルファベットのMに似ていることから日本の女性の就業は「M字カーブ」を描くと言われている。昭和50(1975)年以降の変化を見ると、カーブの底は以前に比べて浅くなっており、M字の底になる年齢も上昇している。昭和50（1975）年には25～29歳が底でその労働力率は42.6%であったが、25～29歳の労働力率は次第に上昇し、平成25（2013）年には79.0%と年齢階級別で最も高くなってい

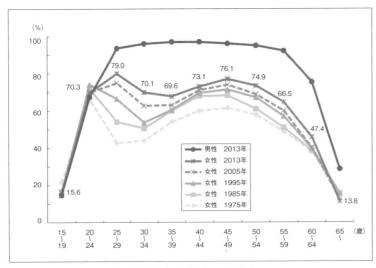

図表Ⅰ-3-2　女性の年齢階級別労働力率の推移

出所：総務省「労働力調査（基本集計）」より作成
注：労働力率＝労働力人口（就業者＋完全失業者）／15歳以上人口×100　学生や専業主婦は労働力人口に含まない

る。平成25（2013）年には35〜39歳がM字の底になっているが、その数字は69.6％で、以前より大きな落ち込みを見せなくなった。30代の女性の労働力率は上昇している（図表Ⅰ−3−2）。

　他の国との比較のデータを見てみよう。女性の労働力率はどの国も男性よりはいくぶん低くなっているものの、多くの国では年齢別労働力曲線の形態が男性と同じくアルファベットのUの文字を反対にした「逆U字」のカーブを描いている。特にスウェーデン、フランス、ドイツは男性の労働力曲線に近いカーブを描いている。いわゆる30代に落ち込みが見られる「M字カーブ」があるのは日本と韓国である。日本と韓国では男性と女性の働き方に大きな違いが存在している（図表Ⅰ−3−3）。

　次に、雇用形態別に見た役員を除く雇用者の構成割合の推移を追ってみよう。正規の職員・従業員の割合を男女別に見ると、女性は昭和60（1985）年に67.9％であったが、平成25（2013）年には44.2％にまで減少している。男性についても、昭和60（1985）年は92.6％であったが、平成25（2013）年には78.8％に減少しており、男女とも非正規雇用が増加しているが、女性のほうが非正規化している。女性は半数以上がパート・アルバイトや派遣社員、契約社員といった非正規の雇用形態である（図表Ⅰ−3−4）。

　図表Ⅰ−3−5は雇用形態を年齢別に見たものである。女性の就業形態を男性と比べると、どの年齢階級でも正規雇用の割合が低くなっている。特に、多くの女性が結婚・出産期にさしかかる25歳以降で、正規雇用が減少して非正規雇用が増加する傾向が見られる。正規雇用として働きはじめた女性も、結婚、出産等とライフイベントを重ねるにつれて、徐々に、非正規雇用、あるいは一時的な離職といった選択を行っていると考えられる。M字型就労は子育てが一段落したあとに再び就業する形態であるが、再就職の場合には正規雇用ではなく、パート・アルバイトという形で労働の場に参加していることがうかがわれる。

　なお、男性には、このようなライフイベントと連動した就業形態の変化は見られない。

**図表Ⅰ−3−3　主要国における年齢別労働力率**

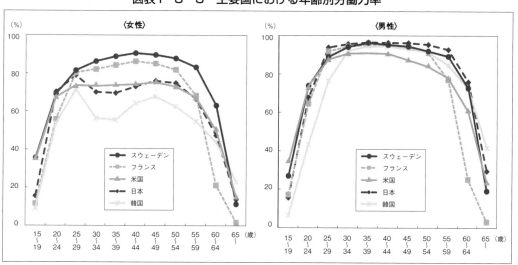

出所：内閣府『男女共同参画白書（平成26年度版）』より作成

第Ⅰ部 〔基本編〕男女共同参画の基本をおさえる

図表Ⅰ-3-4 雇用形態別に見た役員を除く雇用者の構成割合の推移

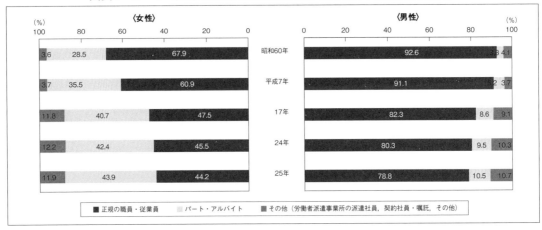

出所：内閣府『男女共同参画白書（平成26年度版）』

図表Ⅰ-3-5 年齢階級別労働力率の就業形態別内訳（男女別、平成25年）

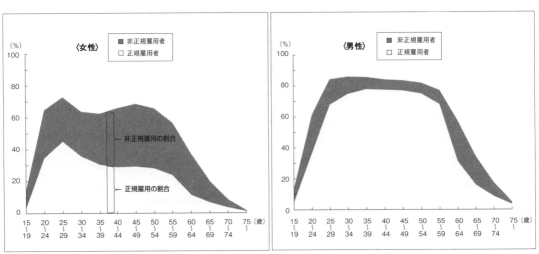

出所：総務省「労働力調査（基本集計）」より作成
注 ：正規雇用は「正規の職員・従業員」と「役員」の合計
＊自営業主、家族従業者、完全失業者のほか学生や専業主婦を含む

### (3) 女性が働くことに関する意識の変化

どうして女性の働き方と男性の働き方に差が生じているのか、その要因はいろいろあるが、その1つに前述の「夫は外で働き、妻は家を守るべきである」という性別役割分担意識があると言われている。内閣府では昭和54（1979）年から「男女共同参画社会に関する世論調査」を実施しているが、そのなかで性別役割分担の賛否を質問している。性別役割分担に賛成する割合は減少の傾向にあるが、それでも賛成の割合（「賛成」＋「どちらかといえば賛成」）は女性48.8％、男性55.2％を占めている（図表Ⅰ-3-6）。

しかし、女性が職業をもつことについての意識は大きく変化している。昭和47（1972）年調査では、女性は「子どもができたら職業をやめ、大きくなったら再び職業をもつほうがよい」が最も多く（39.5％）、男性は「結婚するまでは職業をもつほうがよい」（26.2％）であった。「子どもができてもずっと職業をつづけるほうがよい」は女性（11.5％）、男性（9.7％）と男女ともに

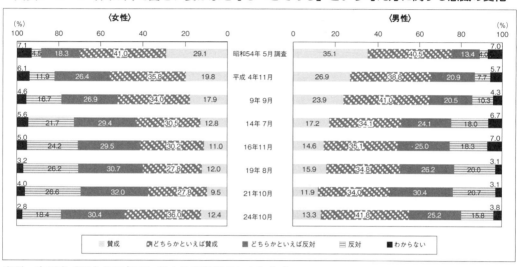

図表I-3-6 「夫は外で働き、妻は家を守るべきである」という考え方に関する意識の変化

出所：内閣府「男女共同参画に関する世論調査」より作成

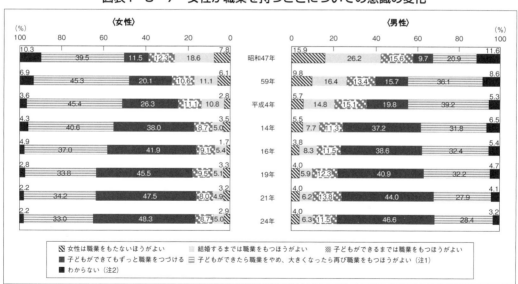

図表I-3-7 女性が職業を持つことについての意識の変化

出所：内閣府「男女共同参画に関する世論調査」より作成
注1：昭和59年の設問では、「職業をもち、結婚や出産などで一時期家庭に入り、育児が終わると再び職業をもつほうがよい」
　2：平成4年、14年、16年、19年は「その他・わからない」

# 第Ⅰ部 〔基本編〕男女共同参画の基本をおさえる

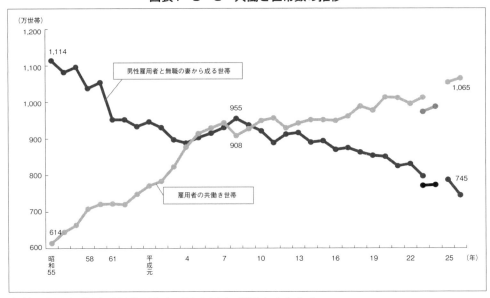

図表Ⅰ-3-8　共働き世帯数の推移

出所：内閣府『男女共同参画白書（平成26年度版）』より作成
注：昭和55年から平成13年までは総務省「労働力特別調査」（各年2月。ただし、昭和55年から57年は各年3月）、14年以降は総務省「労働力調査（詳細集計）」より作成。
平成22年、23年は岩手県、宮城県及び福島県を除く。

1割程度に過ぎなかった。その後、女性が職業をもつことについての考え方は変化した。最新の調査（平成24〈2014〉年調査）では「子どもができてもずっと職業をつづける」ほうがよいという回答が男女ともに最も多く、女性48.3％、男性46.6％で、女性の継続就業を肯定的にとらえる傾向が明らかである（図表Ⅰ-3-7）。

実際に共働き世帯は増加している。昭和55（1980）年には「男性雇用者と無業の妻から成る世帯（片働き世帯）」は1,114万世帯であるのに対して「夫婦共に雇用者の共働き世帯（共働き世帯）」は614万世帯であった。その後、「共働き世帯」は年々増加し、平成9（1997）年に「共働き世帯」が「片働き世帯」を上回り、平成25（2013）年には「共働き世帯」は1,065万世帯、「片働き世帯」が745万世帯で「共働き世帯」が320万世帯多くなっている（図表Ⅰ-3-8）。

## (4) 管理職の女性が少ない

女性が労働の場に存在していてもその意思決定には参画していない、つまり管理的なポジションについていないことも課題となっている。

厚生労働省「賃金構造基本統計調査」（平成25〈2013〉年）で、常用労働者100人以上を雇用する企業における役職者を階級別に見ると、係長級における女性割合が最も高く、平成25（2013）年は15.4％となっている。上位の役職では女性の割合がこれよりも低く、課長級は8.5％、部長級では5.1％であり、いずれも長期的には上昇傾向にはあるものの低い水準にとどまっている（図表Ⅰ-3-9）。

国際比較のデータを見ると、就業者に占める女性割合は他の国に比較しても大きな違いが見られないが、管理職を見るとその水準は韓国と並んで低くなっている（図表I-3-10）。

どうして女性の管理職が少ないのだろうか。厚生労働省「雇用均等基本調査」では女性管理職が少ない（1割未満）あるいはまったくいない役職が1つでもある企業を対象にその理由を質問している。最も多い理由は

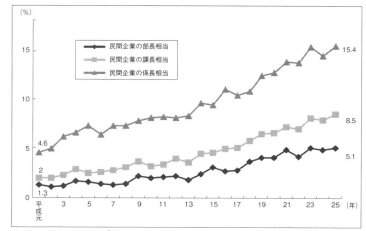

図表I-3-9　役職別管理職に占める女性割合の推移

出所：厚生労働省『賃金構造基本統計調査』より作成

「現時点では、必要な知識や経験、判断力を有する人がいない」（54.2％）、以下「将来管理職に就く可能性のある女性はいるが、現在管理職に就くための在職年数等を満たしている女性はいない」（22.2％）、「勤続年数が短く、管理職になるまでに退職する」（19.6％）、「女性が希望しない」（17.3％）と続く。女性が昇進を望まない理由として男性と大きな差があるのは「仕事と家庭の両立が困難である」「周りに同性の管理職がいない」「自分の雇用区分では昇進可能性がない」など家庭責任が女性に偏っていること、女性の登用が進んでいない現状によって、女性自身の希望が制約されている可能性がうかがわれる（独立行政法人労働政策研究・研修機構『男女正社員のキャリアと両立支援に関する調査結果（平成24年度）』）。

現在「女性が輝く社会づくり」が大きな政策課題になっている。政府は平成32（2020）年までに指導的地位に占める女性の割合を3割にする目標を掲げている（202030）。「女性がいつでもだれでも夢にチャレンジできる社会を平成32（2020）年までに実現すべく、切れ目なく政策を打ち出す」と言う。企業の女性活躍については「上場企業は少なくとも1人は役員を

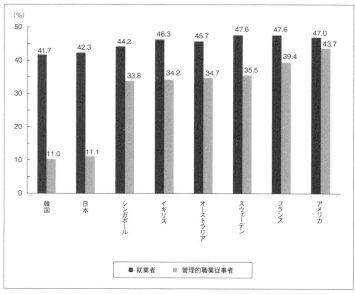

図表I-3-10　就業者および管理職に占める女性の割合（2012年）

出所：（独）労働政策研究・研修機構『データブック国際労働比較2014』より作成

女性にしてほしい」「女性の労働参加が国の潜在成長率の引き上げに貢献できる」などの議論がなされている。今後の動向が注目される。

### (5) 家事・育児にかかわれない男性

女性の活躍を進めるために女性を支援することが不可欠であるが、一方で男性の働き方を見直すことも求められている。なぜなら女性が家庭責任、育児や家事を多く負担している背景には日本社会の男性の長時間労働の問題があるからである。

図表Ⅰ-3-11は週労働時間60時間以上の就業者の割合を年齢別に見たものである。長期的に見れば長時間労働（週労働時間60時間以上）をする男性の割合は減少傾向にあるが、年代別では、30代、40代といったちょうど子育て期に当たる年齢での長時間労働者が多くなっている（図表Ⅰ-3-11）。

総務省「社会生活基本調査」（平成23〈2011〉年）によると、我が国の6歳未満児をもつ夫の家事・育児関連に費やす時間（1日当たり）は67分と前回調査（平成18〈2006〉年）から7分増加したものの、ほかの先進国と比較して低水準にとどまっている（図表Ⅰ-3-12）。

男性の育児休暇取得率も長期的には増加傾向にあるものの、平成25年度は2.03％に過ぎない。8～9割を保っている女性の育児休業取得率とは大きな開きがある。両立支援制度の利用意向を見ると3割の男性は「育児休業制度を利用したい」「育児のための短時間勤務制度を利用中／利

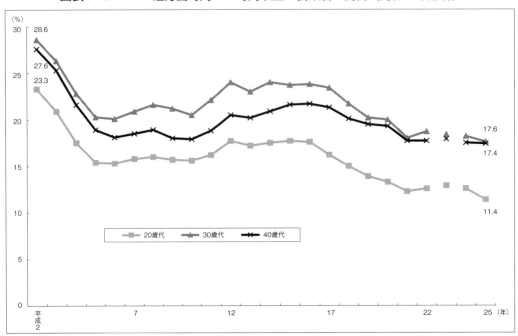

図表Ⅰ-3-11　週労働時間60時間以上の就業者の割合（男性・年齢別）

出所：総務省『労働力調査』より作成
注　：数値は、非農林業就業者のうち従業者総数に占める割合。
　　　平成22年、23年は岩手県、宮城県及び福島県を除く。

### 第3章 データが語る大学の男女共同参画

図表Ⅰ-3-12　6歳未満児のいる夫婦の夫の家事・育児時間（1日当たり）

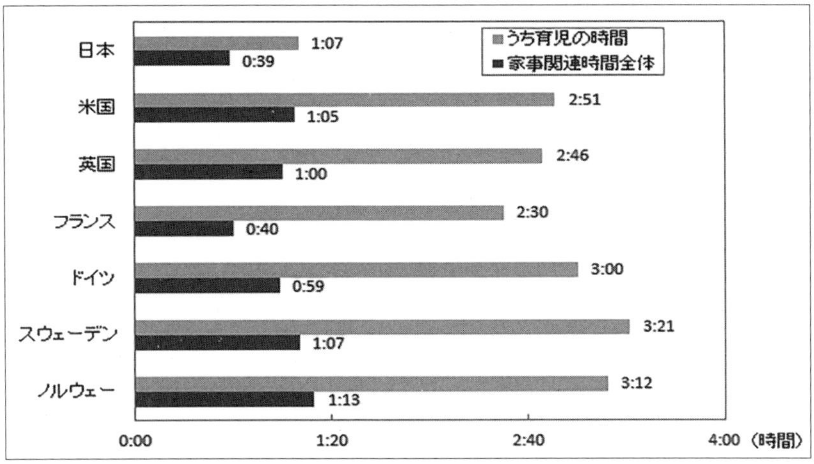

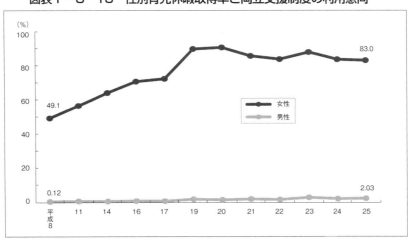

| 国 | 家事関連時間全体 | うち育児の時間 |
|---|---|---|
| 日本 | 1:07 | 0:39 |
| 米国 | 2:51 | 1:05 |
| 英国 | 2:46 | 1:00 |
| フランス | 2:30 | 0:40 |
| ドイツ | 3:00 | 0:59 |
| スウェーデン | 3:21 | 1:07 |
| ノルウェー | 3:12 | 1:13 |

出所：内閣府『男女共同参画白書（平成25年度版）』より作成

図表Ⅰ-3-13　性別育児休暇取得率と両立支援制度の利用意向

（女性：平成8年 49.1％ → 平成25年 83.0％／男性：平成8年 0.12％ → 平成25年 2.03％）

両立支援制度の利用意向

|  | 全体 | 男性 | 女性 |
|---|---|---|---|
| 調査数 (n) | 1,553 | 752 | 801 |
| 育児休業制度を利用したい | 0.509 | 31.8% | 68.9% |
| 育児のための短時間勤務制度を利用中　利用したい | 48.9% | 34.1% | 62.3% |

注：厚生労働省「今後の仕事と家庭の両立支援に関する調査結果」
　　（平成20年）より作成
出所：内閣府男女共同参画局「男女共同参画社会の実現を目指して」
　　（平成23年3月）

注：育児休業所得率＝ 出産者のうち、調査時点まで育児休業を開始した者（開始予定の申し出をしている者を含む）の数 / 調査前年度1年間（※）の出産者（男性の場合は配偶者が出産した者
（※）平成23年度以降調査においては、調査前々年10月1日から翌年22年9月30日までの1年間

出所：厚生労働省『平成24年度雇用均等基本調査』より作成
注　：両立支援制度の利用意向は厚生労働省『今後の仕事と家庭の両立支援に関する調査結果』より作成。出所は内閣府男女共同参画局『「男女共同参画釈迦の実現を目指して（平成23年3月）』。

用したい」と回答している。希望があっても実際には取得していない状況がうかがわれる（図表Ⅰ-3-13）。

　「イクメン（育児に積極的にかかわり、育児を楽しむ男性を指す言葉）」という言葉が、平成22（2010）年の流行語大賞にランクインするなど定着しつつある。平成22（2010）年6月には厚生労働省は働く男性が、育児をより積極的にすることや、育児休業を取得することができるよう、社会の気運を高めることを目的とした「イクメンプロジェクト」を開始した。改正育児・介護休業法（平成22〈2010〉年6月30日施行）の趣旨も踏まえ、育児をすることが、自分自身だけでなく、家族、会社、社会に対してもよい影響を与えるというメッセージを発信しつつ、「イクメンとは、子育てを楽しみ、自分自身も成長する男のこと」をコンセプトに、社会にその意義を訴えていくとしている。こうした試みによって女性だけでなく男性にとっても「ワーク・ライフ・バランス」が進むことが望まれている。

## 2　教育における男女平等

### (1) 高等教育へのアクセス

　一般的に教育の場は男女平等だと考えられている。今では娘には教育が必要ないという親はほとんどいないし、女子が大学に進学することへの抵抗もない。教員も子どもの能力を伸ばすことが教育の目的であり、そこに男女差別はないと考えている。内閣府が実施している「男女共同参画に関する意識調査」でも教育の場では男女共同参画が進んでいると認識されていることが報告されている。この調査ではさまざまな分野の男女の地位の平等感を質問している。それぞれの「平等」という回答は、「政治の場」（18.6％）、「職場」（28.5％）、「法律や制度の上」（45.4％）、「家庭生活」（47.0％）、「自治会やNPOなど地域活動の場」（52.1％）である。これに対して「学校教育の場」が男女平等だと答えた者の割合は67.0％で、ほかの分野に比べて最も高くなっている。この数字から見ると学校教育の場の男女平等は最も進んでいると考えられていることがわかる。大学は研究も行っているが、「教育」の場でもある。大学で男女平等はどれくらい進んでいるのだろうか。

　大学へのアクセスから見てみよう。昭和40（1965）年以降男女ともに高等教育への進学が増加しているが、当時、男性は4年制大学へ女性は短期大学への進学であった。その後、女性の4年制大学への進学が増加し、平成7（1995）年以降は4年制大学への進学が短期大学への進学を上回り、その差は大きくなりつつある。「男子は4年制、女子は短大」から「女子も男子も4年制」への進学が主流になったことは男女平等が進んできたと言えるだろう。しかし、女子の4年制大学の進学率は45.6％、男子の進学率は54.0％で男子が上回っており、大学院進学率は女子6.0％、男子15.0％で高学歴への進学率は男性のほうが高い（第1章図表Ⅰ-1-1参照）。

　また、国際比較のデータを見ると、日本の女性の高等教育在学率は先進国のなかで低い水準で

ある。ユネスコ（UNESCO）が報告している高等教育在学率の日本の女性の数値は58％で、ほかの国に比べて低い。もっともユネスコ（UNESCO）が報告している「高等学校在学率」は就学年齢人口に対する在学者数の割合なので、就学年数、途中退学者、留年、社会人入学、留学などさまざまな要因が影響を及ぼすので比較には留意が必要である。しかし昭和45（1970）年以降の在学率の推移を見ると、先進国の女性では以前は男性よりも低かったものの、平成2（1990）年以降上昇し男性を上回る国が多く見られる。一方、日本の女性は高等教育へ進学するようになってはいるが、他の先進国に比べるとそのスピードは遅い（図表Ⅰ-3-14）。

次に専門分野の男女差を見てみよう。女性の大学進学率は上昇しているが、専攻分野の男女差は大きい。専攻分野別に学部学生、院生に占める女性の割合を見ると学部学生で最も女性が多いのは、家政学部（90％）で、芸術（71.5％）、人文科学（65.9％）と続く。一

図表Ⅰ-3-14　高等教育在学者の割合

(％)

| | 日本 | | フランス | | スウェーデン | | イギリス | | 米国 | |
|---|---|---|---|---|---|---|---|---|---|---|
| | 女性 | 男性 | 女性 | 男性 | 女性 | 男性 | 女性 | 男性 | 女性 | 男性 |
| 1975 | 15.56 | 33.50 | − | − | 21.41 | 24.34 | 13.33 | 22.90 | 46.57 | 55.40 |
| 1980 | 20.67 | 41.46 | 23.17 | 27.12 | 33.79 | 38.87 | 13.89 | 23.24 | 54.75 | 52.19 |
| 1985 | 20.34 | 37.40 | 28.92 | 28.56 | 33.22 | 29.17 | 19.37 | 23.18 | 61.32 | 55.08 |
| 1990 | 23.36 | 35.90 | 38.90 | 33.72 | 33.41 | 28.11 | 25.69 | 27.53 | 78.37 | 63.52 |
| 1995 | 35.88 | 43.73 | 54.86 | 43.88 | 47.49 | 37.55 | 49.42 | 46.45 | 88.25 | 68.10 |
| 2000 | 44.83 | 52.46 | 62.56 | 51.39 | 79.73 | 54.97 | 63.01 | 53.21 | 77.69 | 58.51 |
| 2005 | 51.66 | 58.13 | 60.11 | 47.84 | 99.97 | 64.79 | 68.48 | 49.27 | 95.67 | 67.72 |
| 2010 | 54.73 | 61.27 | 62.48 | 49.82 | 90.79 | 59.21 | 70.19 | 51.29 | 109.11 | 78.22 |
| 2012 | 58.23 | 64.54 | 65.11 | 51.74 | 85.64 | 55.13 | 71.51 | 52.74 | 110.17 | 79.14 |

出所：ユネスコ（UNESCO）のデータベースより作成

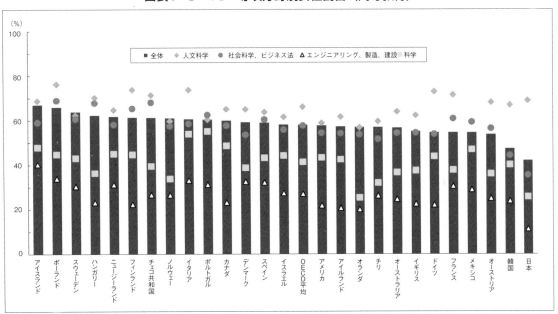

図表Ⅰ-3-15　専攻分野別女性割合（高等教育）

出所：経済協力開発機構（OECD）『図表で見る教育 OECD インディケータ（2013年版）』

方女性割合が少ないのは、工学（11.7％）、理学（26.1％）、社会科学（33.2％）であり文系には女性が多く、工学、理学といったいわゆる理系分野に女性が少ないことが明白である。

近年ユネスコ（UNESCO）、経済協力開発機構（OECD）などの国際機関では理工系の女性に関するデータが報告されるようになってきた。例えば経済協力開発機構（OECD）が毎年発表する「図表で見る教育OECDインディケータ」では高等教育機関における専攻別女性割合が示されている。高等教育全体では女性が58％を占めているが、エンジニアリング・製造・建設分野においては女性が27％に過ぎず、報告書では女性割合の少なさが指摘されている。日本の数値は11％である。少ないと指摘されている経済協力開発機構（OECD）平均の27％にもはるかに及ばず、報告書に掲載されている国のなかでは最下位である（図表Ⅰ－3－15）。

## （2） 女性研究者の状況

図表Ⅰ－3－16　大学教員における分野別女性割合（平成25年）

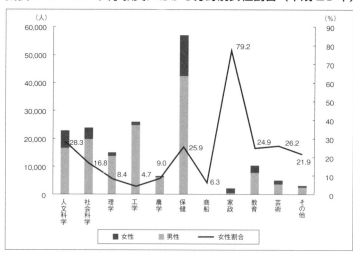

出所：文部科学省『平成25年度学校基本調査』より作成

図表Ⅰ－3－17　女性研究者数及び比率の推移

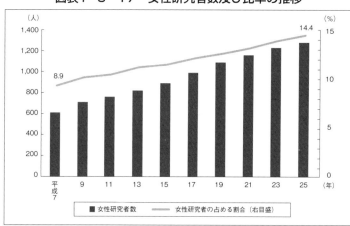

出所：総務省『平成25年度科学技術研究調査報告』より作成

大学の研究者の状況はどうなっているだろうか。大学院に進学する割合は女性よりも男性が多いこと、研究者の多い理系分野を選択する女性が少ないことから、研究者は男性が多い。家政系を除けば女性教員が30％を超える分野はなく、特に工学、理学の女性教員割合が少なくなっている（図表Ⅰ－3－16）。

研究者は大学だけに存在するわけではないので、企業や非営利団体・公的機関も併せたデータを見てみよう。それでも大学の研究者（総務省の「科学技術研究調査」では、大学の研究員には教員だけでなく博士課程の在籍者も含まれるので留意する必要がある）に占める女性の割合は25.4％でほかの研究機関に比べると高い。企業では8.1％、非営利団体・公的機関では15.8％に過ぎない（第1章図表Ⅰ－1－3参照）。長期的

には女性研究者の割合は増加する傾向にあるものの、全体では14.4％である（図表Ⅰ-3-17）。

毎年発表される『男女共同参画白書』の女性研究者割合の国際比較のグラフでは最下位が続いている（図表Ⅰ-3-18）。

男女共同参画学協会連絡会の意識調査『第3回科学技術専門職の男女共同参画実態調査』は研究者が少ない理由を質問している。男女ともに最も多数を占めるのは「家庭と仕事の両立が困難」で女性67.6％、男性56.9％である。「育児期間後の復帰が困難」「職場環境」と続くが、いずれの項目も女性のほうが男性よりも多くなっている。逆に「男女の能力の差」「男女の適正の差」「研究職・技術職のイメージがよくない」などジェンダーに関連する理由を選択した割合は、男性のほうが多い傾向が見

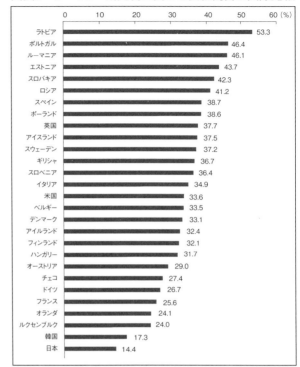

図表Ⅰ-3-18　研究者に占める女性割合の国際比較

出所：内閣府『男女共同参画白書（平成25年度版）』より作成

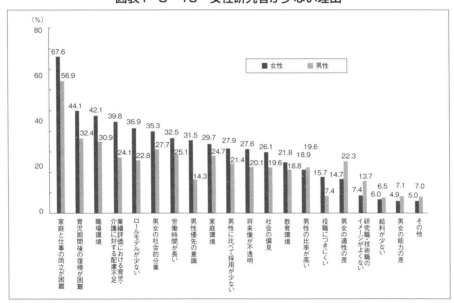

図表Ⅰ-3-19　女性研究者が少ない理由

出所：男女共同参画学協会連絡会『第三回科学技術系専門職の男女共同参画実態調査』（平成25年）
注　：調査は参加学協会の会員を対象として平成24年11月に実施。回答者数は女性4,356人、男性11,958人。

られる。研究者において女性が少ない理由として多く挙げられている、「出産・育児・介護等で研究の継続が難しいこと」、「女性の受け入れ体制が整備されていないこと」などは企業で働く女性の課題とも符合するものである（図表Ⅰ－3－19）。

### (3) 分野による課題の違い

一般企業と同じ課題もあるが、女性の研究者を増やすためにはどのような方策を採ればいいのかを考えるうえで、研究分野による差異を明らかにする必要がある。なぜなら分野別の男女差が大きいので、専門分野によってアプローチが異なるのではないかと考えられるからである。

図表Ⅰ－3－20は専門分野別に学部、修士課程、博士課程、大学研究者の女性の割合を比較したものである。

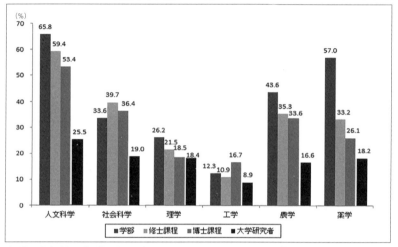

図表Ⅰ－3－20　学部、修士課程、博士課程、大学研究者の女性割合の比較（平成25年）（人文科学、社会科学、工学、薬学等）

出所：文部科学省『平成25年度学校基本調査』、総務省『平成25年度科学技術研究調査報告』より作成

女性が占める割合を見ると、人文科学は学部で65.8％、博士課程でも53.4％を占めている。ところが研究者になると25.5％と激減する。工学では学部で12.3％、博士課程16.7％、研究者8.9％でいずれも少ない数値である。さらに薬学部を見ると学部が57.0％、修士課程33.2％、博士課程26.1％、研究者18.2％と減少する。このように専門分野によって学部、修士課程、博士課程、研究者の女性割合の構成は異なっている。ここから分野ごとの課題が明らかになる。人文科学の場合では大学院の博士課程に行っても研究者になると女性割合が少なくなるので、博士課程まで進学した女性をどのように研究者にするかその対策が考えられなければならない。工学系ではそもそも工学を志向する女性が少ないのだから、まず大学入学時に工学部を選択する女子高校生を増やすことが課題になると考えられる。薬学部では学部は多いが、研究者になる第一歩である大学院への進学が大きく減少している。薬剤師としての就職先が多いことが影響しているのかもしれないが、研究を志向する女性をどのように増やすかその方策が求められるだろう。

### (4) 大学における男女共同参画

#### 上位職に女性が少ない

次に大学の教員の状況を見てみよう。図表Ⅰ－3－21は、経済協力開発機構（OECD）加盟

図表 I-3-21　教員に占める女性割合（国際比較）

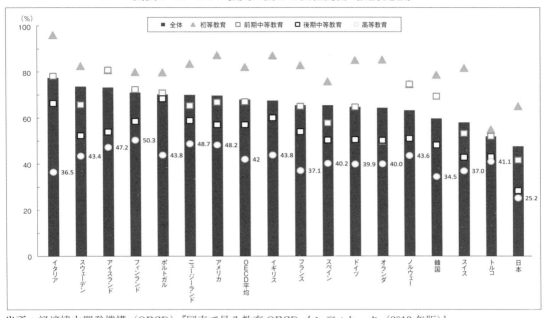

出所：経済協力開発機構（OECD）『図表で見る教育 OECD インディケータ（2013 年版）』

国の教員に占める女性割合を示したものである。初等教育の教員に占める女性の割合が高く、高等教育になるに従って減少していくという傾向はどの国でも同様である。しかし、高等教育に着目すると、4割を超える国がある一方で、日本の割合は25.2％で経済協力開発機構（OECD）加盟国のなかでは最下位となっている。

そして教員全体の数も少ないが、それに伴って上位職に女性が少ないことも課題である。

職階ごとに見ると、講師（29.9％）、助教（27.1％）、准教授（22％）、教授（14％）の順に女性の割合が低下し、学長（8.4％）、副学長（7.1％）に至っては1割に満たない。どの専門分野においても職位が上がるほど女性が少なくなることは共通している（図表I-3-22）。

どうして上位職に女性が少ないのだろうか。

前述の男女共同参画学協会連絡会の調査によれば、指導的地位の女性比率が低い理由として挙げられるのは「家庭と仕事の両立が困難」「中途離職や休職が多い」であり、女性研究者の少ない理由と同じく、出産、育児、介護で研究の継続が難しいこ

図表 I-3-22　大学教員における職階別女性割合（平成25年）

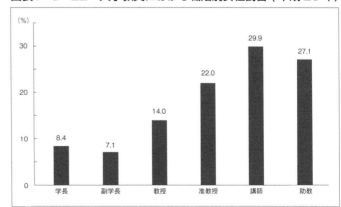

出所：文部科学省『平成25年度学校基本調査』より作成

第Ⅰ部〔基本編〕男女共同参画の基本をおさえる

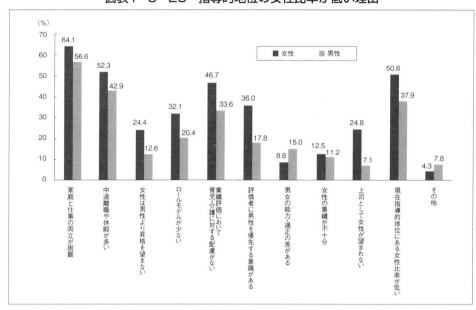

図表Ⅰ-3-23　指導的地位の女性比率が低い理由

出所：男女共同参画学協会連絡会『第三回科学技術系専門職の男女共同参画実態調査』（平成25年）
注　：Ⅰ-3-19に同じ

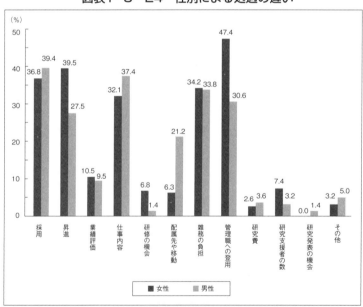

図表Ⅰ-3-24　性別による処遇の違い

出所：国立女性教育会館『大学における男女共同参画についてのアンケート調査』（平成25年）
注　：調査は国立大学の常勤の研究者を対象として平成24年10月に実施。回答者数は女性805人、男性1,927人。

とである。さらに「業績評価において育児・介護に対する配慮がない」「評価者に男性を優先する意識がある」など評価に関する問題もある。女性が意思決定の場に参加することを阻んでいるのは、企業の課題とも共通しており、家庭の責任が女性にあること、管理職登用に際しては男性を優先する意識があることだと考えられる（図表Ⅰ-3-23）。

また、国立女性教育会館が国立大学の教員を対象に実施したアンケート調査では、性別による処遇の違いも報告されている。性別による処遇の違いとして女性教員に最も多いのは「管理職への登用」（47.4％）「昇進」

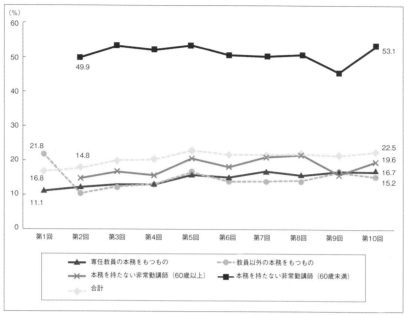

図表Ⅰ-3-25　非常勤講師の女性割合

出所：国立大学協会『国立大学における男女共同参画の実施に関する第10回追跡調査報告書』（平成26年）

（39.5％）であり男性の回答との差が大きい。男性の回答が女性を上回るのは「仕事内容」「配属先や異動」で、処遇については男女で異なるとらえ方がされている（図表Ⅰ-3-24）。

**非常勤講師の問題**

　女性は正規の大学の教員になることが難しく、非常勤講師をしていることが多いと指摘されている。「学校基本調査」や「学校教員統計調査」はどちらの調査も、本務者と兼務者に分けてデータを出している。しかし、どちらの調査においても兼務者は本務をもっている者と本務をもっていない者が混在しているために、非常勤のかけもちによる雇用の不安定性を明らかにできない。国立大学協会の調査は、非常勤講師を「専任教員の本務をもつもの」「教員以外の本務を別にもつもの」「本務を持たない非常勤講師（60歳以上）」「本務を持たない非常勤講師（60歳未満）」に分けてその数と女性割合を算出している。合計では女性の割合が22.5％であるが、「本務を持たない非常勤講師（60歳未満）」では53.1％が女性である。報告書では、安定的な雇用形態である本務をもつ女性比率が低いのに対して、不安定な雇用形態である「本務を持たない」非常勤講師の比率の高さが指摘されている（図表Ⅰ-3-25）。

## (5) 大学における取組み

　このような現状を改善し、女性研究者を増やし大学の男女共同参画を進めることが大きな政策課題となっている。日本の科学技術の振興に関する施策の総合的かつ計画的な推進を図るため

第Ⅰ部　〔基本編〕男女共同参画の基本をおさえる

の「第4期科学技術基本計画」には、女性研究者の採用割合に関する数値目標が記載されている。女性研究者の採用割合を30％まで高めることを目指し、関連する取組みを促進する。特に、理学系20％、工学系15％、農学系30％の早期達成及び医学・歯学・薬学系合わせて30％の達成を目指すとされている。また、女性研究者が出産、育児と研究を両立できるよう、研究サポート体制の整備等を行う大学や公的研究機関を

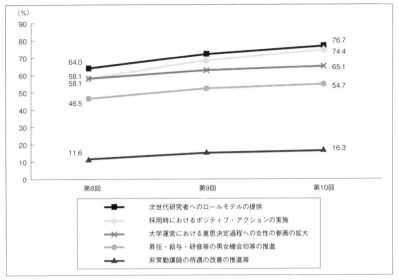

図表Ⅰ-3-26　男女共同参画の推進体制の整備、取組み状況

出所：国立大学協会『国立大学における男女共同参画の実施に関する第10回追跡調査報告書』（平成26年）

支援することや大学や公的研究機関に対し、柔軟な雇用形態や人事及び評価制度の確立、在宅勤務や短時間勤務、研究サポート体制の整備等を進めるなどの方策が盛り込まれている。

　大学でもさまざまの取組みが行われるようになってきた。国立大学協会の調査によれば、大学の男女共同参画を進める体制づくりが進んでいることが明確である。第1回目の調査が行われた平成13（2001）年には、わずか12.1％に過ぎなかった組織や委員会は年とともに設置され、最新のデータ（平成24〈2012〉年）には「男女共同参画推進の基本方針、宣言等の作成、提示」は97.7％、「室、委員会、ワーキング・グループ等の検討推進体制の設置・充実」が96.5％で、ほとんどの国立大学では男女共同参画推進のためのしくみができていると言える（図表Ⅱ-1-1参照）。

　また、女性教員・研究者の拡大のための取組みも進められている。同調査によれば、「採用時におけるポジティブ・アクション（積極的な女性の採用、女性教員比率の目標設定等）」を実施している大学は74.4％、「昇任・給与・研修等の男女機会均等の推進（教員の業績評価に当たって、出産、育児、介護等に従事したことも配慮している）」（54.7％）、「大学運営における意思決定過程への女性の参画の拡大」（65.1％）、「次世代研究者へのロールモデルの提供（女子中高生対象のセミナー、女子学生へのキャリアガイダンス等）」（76.7％）で経年変化を見れば増加している。ただし、「非常勤講師の待遇の改善」は微増しているものの、ほとんど進んでいない状況である（図表Ⅰ-3-26）。

　国立大学協会は、平成22（2010）年の女性教員比率が12.7％で「2010年までに国立大学の女性教員比率を20％に引き上げる」という達成目標に満たなかったことから、平成25（2013）年には「国立大学における男女共同参画推進について―アクションプラン」を策定し、男女共同参

画を促すための提言を行っている。「国立大学の女性教員比率を20％以上に引き上げることを目指しつつ、少なくとも平成27（2015）年までに17％以上（各大学において1年ごとに1％以上）に引き上げることを達成目標と設定する」としている。さらに目標達成のために大学が取り組むべき事項を4項目挙げ（1 男女共同参画の推進体制の整備、2 女性教員・研究員の拡大、3 就業環境の整備、拡充、4 意識啓発の推進）、それらの実施状況をフォローアップすることにしている。

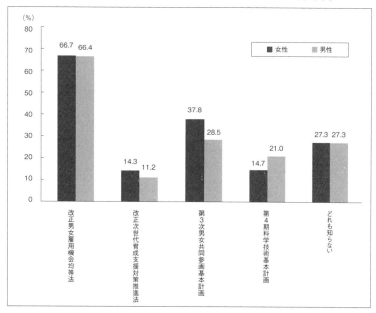

図表Ⅰ-3-27　男女共同参画に関する施策の認知度

出所：男女共同参画学協会連絡会『第三回科学技術系専門職の男女共同参画実態調査』（平成25年）
注　：Ⅰ-3-19に同じ

男女共同参画についての周知も重要である。前述の学協会連絡会の調査では、男女共同参画にかかわる最近の施策の認知度を質問している。最も知られているのは「改正男女雇用機会均等法」で7割近くだが、「第3次男女共同参画基本計画」3割、「第4期科学技術基本計画」2割、「改正次世代育成支援対策推進法」1割と低い。3割近くの研究者が「どれも知らない」と回答している（図表Ⅰ-3-27）。

女性研究者の育成や大学の男女共同参画を進めるために平成18年度に科学技術振興調整費による「女性研究者支援モデル事業」が実施され、10大学が採択された。この事業はその後「女性研究者研究活動支援事業」となり、さらに平成21年度からは「女性研究者養成システム改革加速」も追加され、事業の充実が図られている。

前述の国立女性教育会館の調査では、支援事業を実施した大学の教員のほうが支援事業を実施していない大学の教員よりも大学の男女共同参画が進んだと認識してい

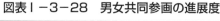

図表Ⅰ-3-28　男女共同参画の進展度

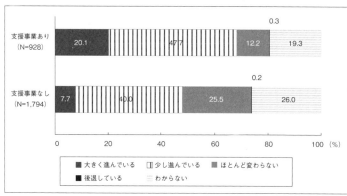

出所：国立女性教育会館『大学における男女共同参画についてのアンケート調査』（平成25年）
注　：Ⅰ-3-24に同じ

第Ⅰ部〔基本編〕男女共同参画の基本をおさえる

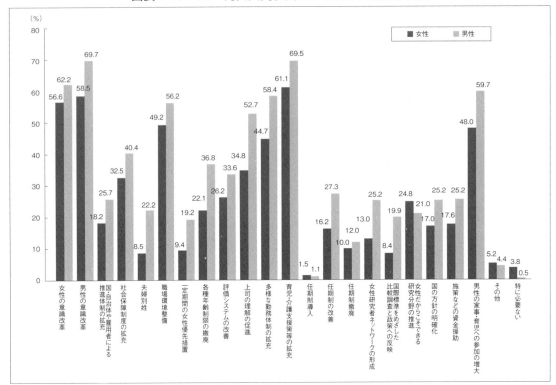

図表Ⅰ-3-29　男女共同参画のために今後必要なこと

出所：男女共同参画学協会連絡会『第三回科学技術系専門職の男女共同参画実態調査』（平成25年）
注　：Ⅰ-3-19に同じ

る傾向が見られた。大学の男女共同参画が「大きく進んでいる」「少し進んでいる」と回答したのは、支援事業を実施した大学の教員の67％を占めるが、支援事業を実施していない大学の教員では47％にとどまっている。支援事業が大学の男女共同参画を進めるうえで一定の実績を挙げていると言えるだろう（図表Ⅰ-3-28）。

　最後に、大学の男女共同参画を進めるために今後必要とされていることを見ておこう。男女共同参画学協会連絡会の調査では、男女ともに必要なこととして多く挙げられたのは、意識改革である。意識改革は、「男性の意識改革」だけでなく、「女性の意識改革」も必要とされている。また、「育児・介護支援策等の充実」とともに「男性の家事・育児への参加の拡大」も男女ともに選択の割合が多い。子育て・介護を支援する施策の充実とともに男性が家事・育児にかかわり、男性も女性もワーク・ライフ・バランスを取ることが重要だと考えられていることが明らかになった（図表Ⅰ-3-29）。

中野　洋恵

第Ⅱ部
〔実践編〕

# 具体的な取組みや実践事例を知る

第Ⅱ部〔実践編〕具体的な取組みや実践事例を知る

# 第1章 女性研究者支援と男女共同参画推進のための基盤づくり

- 男女共同参画を進めるためにはまず何をすればよいでしょうか？
- 女性研究者支援や男女共同参画推進のために、どのような体制をつくれば効果的でしょうか？
- 他機関と連携して取組みを行うとどのような効果がありますか？
- 学内のアンケート調査はどのような効果がありますか？
- 取組みの評価のポイントは何ですか？

　大学における女性研究者支援ならびに男女共同参画を推進するための基盤づくりには、男女共同参画推進委員会などの組織体制を整備することやよりどころとなる基本計画を策定することが重要であり、本章では、まずこのような委員会設置のプロセスを分析する。次に、長期的視点をもった推進室やセンターなどを紹介する。

　学内の組織体制だけでなく、他大学の女性研究者支援室や男女共同参画推進室との連携や地域・企業・団体との連携が、学内の環境整備や意識啓発を推進するうえで相乗効果があることから、大学間連携や地域・企業・団体との連携・ネットワーク事業について検討する。また、男女共同参画の環境整備のためのニーズの把握や実態調査、評価の方法について整理する。

## 1 組織体制と環境整備

　大学での女性研究者支援や男女共同参画推進の部署は、学長直下の体制となる事例が多いが、さらに広く学内の教職員に告知し、参加・協力を得るためには、各学部の学部長や事務職員などの管理職から構成される委員会が設置されていることが重要になってくる。また、委員会と併せて、基本方針・基本計画の策定なども行われている。学長のトップダウンとともに組織の整備や計画の策定が必要なのである（コラム④東京学芸大学参照）。

　大学において男女共同参画を進めるうえで、こうした委員会設置や基本計画の策定が重要であるという認識は年々高まり、国立大学協会の平成25（2013）年の調査では、委員会などの検討推進体制の設置・充実を図った国立大学は89大学で96.5％、基本方針・宣言等の作成については97.7％を占めている（図表Ⅱ-1-1）。

　以下では、男女共同参画推進の委員会を設置している事例をとおして、設置のプロセス、構成メンバー、基本方針・基本計画の策定やどのように学内浸透を図っているのかなどを見ていく。

図表Ⅱ-1-1　国立大学の男女共同参画推進状況の推移

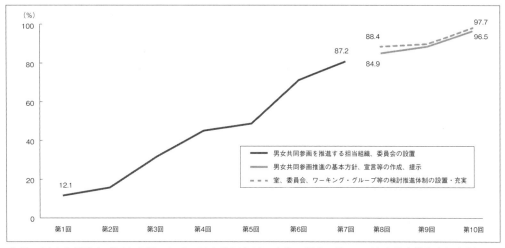

出所：国立大学協会『国立大学における男女共同参画の実施に関する第10回追跡調査報告書』（平成26年）、『国立大学における男女共同参画推進の実施に関する第7回追跡調査報告書』（平成22年）

　また、このような委員会で定められた内容を実効あるものとするためには、推進のためのセンターなど拠点を設置することが効果的である。ここでは、推進のための機関としての拠点と施設としての拠点の事例を紹介する。拠点として機能するためには、人員の十分な配置と事務局としての熱心さも重要であるため、男女共同参画推進室の専任の教員ならびにスタッフの数や配置についても触れる。

## (1) 早期の委員会設置による女性研究者支援と男女共同参画

　東北大学で全学レベルの男女共同参画についての議論が始まったのは、平成10年度の「東北大学の在り方に関する検討委員会」においてである。

　その後、平成13（2001）年4月に男女共同参画委員会が設けられた。これは、他大学に比べて早い時期の設置である。男女共同参画委員会を設けるに当たっては、平成11（1999）年の「男女共同参画社会基本法」と平成12（2000）年5月の国立大学協会「国立大学における男女共同参画を推進するために」の報告書が契機となった。そして、「東北大学の在り方に関する検討委員会」の平成12年度付託検討事項に「男女共同参画について」が追加され、男女共同参画委員会が設置されたのである。

　男女共同参画委員会では、(1) 状況把握と自己評価報告書の作成（年1回）、(2) 広報活動、(3) 総長（全学）への措置の提案、(4) 部局への調査（現状や取組み策）、(5) ジェンダー学・教育の振興、(6) 相談窓口の設置等を任務とした。委員は、各部局から選出され、男女の比率はどちらも3割を下回らないように定められている。

　そして、翌平成14（2002）年9月28日に第1回東北大学男女共同参画シンポジウムが開催され、そこで男女共同参画推進のための東北大学宣言をし、男女共同参画社会実現に必要な諸分野の研

究・教育を推進するために「東北大学男女共同参画奨励賞」（通称・沢柳賞）が創設された。

平成18年度には、新たに始まった文部科学省科学技術振興調整費「女性研究者支援モデル育成」に採択され、「杜の都女性科学者ハードリング支援事業」を開始し、女性研究者育成支援推進室を設置した。当該事業で取り組まれている「東北大学サイエンス・エンジェル」は、次世代育成のモデル事業として他大学に影響を与えた（コラム⑧東北大学参照）。平成21年度からは、文部科学省科学技術人材育成費補助金「女性研究者養成システム改革加速」に採択され、「杜の都ジャンプアップ事業 for 2013」を開始した。当該事業では、理・工・農学系の女性教員を増員することを目的に、「世界トップクラス研究リーダー養成」「新ネットワーク創生」「研究スタイル確立支援」という3つのプログラムに取り組んだ。平成25（2013）年に、「東北大学女子学生入学百周年記念行事」を展開し、シンポジウムにおいて総長から「東北大学男女共同参画行動指針」を発信した。

補助金の事業終了後の平成26（2014）年4月からは、推進室を発展的に改組し、「男女共同参画推進センター」として事業を継続推進している。

---

【男女共同参画推進のための東北大学宣言】

1. 東北大学は、総合的な知の拠点として、男女共同参画社会の実現に必要な諸分野の研究・教育を推進するため、「東北大学男女共同参画奨励賞」（通称：沢柳賞）を創設する。また、社会に開かれた大学として、国・地方公共団体や民間の諸機関との協同・連携を図り、ジェンダー学の普及、性差に由来する人権問題の解決等に対して、積極的に寄与する。
2. 東北大学は、すべての活動領域における男女共同参画を実現するため、教職員・大学院生等の人的構成における男女格差の是正、方針決定機関への男女共同参画の推進、研究・労働環境の改善、育児・介護における性別役割分業の改善と両立支援体制の確立等、効果的かつ具体的な措置を講じる。
3. 東北大学は、性別に由来する人権侵害や性差別を撤廃するための措置をとるとともに、男女共同参画推進のための不服申立制度と救済制度を整備する。

(東北大学ホームページより引用)

---

【東北大学における男女共同参画推進のための行動指針】

1. 両立支援・環境整備
   本学構成員が、年齢性別等を問わず、仕事や学業と生活との両立を図ることができるように、意識の醸成に努め、子育て支援のための学内施設の充実や介護支援を含めた制度等の環境整備と周知を進める。
2. 女性リーダー育成
   アカデミアにおける男女共同参画の推進に向けて、女性研究者を積極的に採用・養成し、

さらに学内及び学会・社会のリーダーとして飛躍させるための支援・登用制度を整備する。

3. 次世代育成

将来性豊かな次世代女性研究者を輩出するために、サイエンス・エンジェル（SA）活動を継続・発展することなどにより、学部生・大学院生を対象とした研究者使命の意識啓発と醸成に努め、さらに実体験を通して育成する施策を推進する。

4. 顕彰制度

アカデミアにおける男女共同参画の先駆として、各分野で活躍し多大な貢献をなした方々を選考し顕彰するため、新たな「東北大学男女共同参画賞」を創設する。

5. 地域連携

東北地方の中心に位置する大学として、東北地方の多くの大学、行政機関等との連携を進め、地域発展や震災復興事業等における男女共同参画を推進する。

6. 国際化対応

ワールドクラスへの飛躍に向けて、グローバルな研究・教育体制に相応しい、外国人研究者・留学生を対象とした様々な両立支援策を講じ、国際的観点に基づいて学内の男女共同参画を推進する。

7. 支援推進体制

上記の男女共同参画活動を円滑に推進するために、男女共同参画担当理事（若しくは副学長）と総長特別補佐（男女共同参画担当）を置き、さらに「男女共同参画推進センター」などの恒常的支援体制を整備する。

（東北大学男女共同参画推進センターホームページより引用）

## (2) 全部局長からの委員選定と委員会規則の策定

香川大学は、平成22年度に「女性研究者支援モデル育成」に採択されたが、教職員の仕事と生活の両立支援には早くから取り組んでおり、同年5月に厚生労働省の「くるみん」マークも取得している。また、男女共同参画推進室の室長は労務担当理事でもあった。

女性研究者支援の補助事業に申請する契機となったのは、研究企画センターへの文部科学省からの出向者の提案である。申請書を提出し、それが平成22年度に「女性研究者支援モデル育成」に採択され、男女共同参画推進委員会が組織された。そして学長直下の男女共同参画推進室が設置されることになった（図表Ⅱ-1-2参照）。

同大学の男女共同参画推進委員会の構成員は、学長・

図表Ⅱ-1-2　香川大学男女共同参画推進組織図

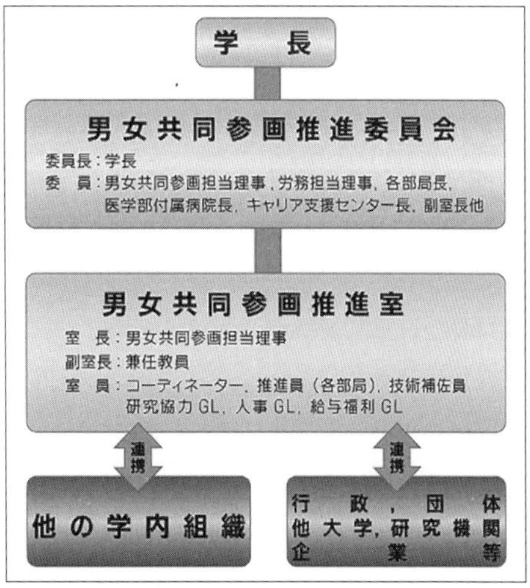

出所：香川大学男女共同参画推進室ホームページ

理事（労務担当）・部局長（全部局6名、研究科長2名）・機構長4名（学生担当理事と研究担当理事が兼任）・男女共同参画推進室副室長2名である。学長が委員長であることと、全部局の部局長が参加していることが特徴である。各部局の教授会をとおすときも、単に教員が委員でいるよりもスムーズに進む。

委員会は、半年に一度のペースで実施され、推進室の事業はすべて承認をもらい決定事項として取り組む。学長が委員長なので、まさにトップダウンである。

学長が委員長であることについては、「香川大学男女共同参画推進に関する規定」の第4条と第5条で次のように規定されている。

---

（組織）
　第4条　委員会は、次に掲げる委員で組織する。
　　(1)　学長
　　(2)　学長が指名する理事1名
　　(3)　各学部長
　　(3)　地域マネジメント研究科長及び香川大学・愛媛大学連合法務研究科長
　　(5)　学内共同教育研究施設の長のうちから学長が指名する者
　　(6)　その他学長が必要と認めた者
（委員長）
　第5条　委員会には委員長を置き、学長をもって充てる。
　2　委員長は、会務を総理し、委員会を代表する。
　3　委員長に事故があるときは、前条第1項第2号の理事が、その職務を代理する

---

この規定があるため、学長が代わっても「委員長は学長」というしくみは継続できる。

以上のように、同大学は男女共同参画推進委員会を設置し、学長を委員長にし、全学部の学部長をメンバーにすることで、女性研究者支援及び大学の男女共同参画のトップダウンと学内浸透を図っていると言えよう。

### (3) 補助事業終了後に委員会を設置して事業を拡充

宮崎大学が「女性研究者支援モデル育成」に申請した際には、平成18・19年度の大学院GP[(1)]のときに実施したアンケート調査の結果を参考にした。同アンケートでは女性教員・研究者の採用に数値目標を設定することについての賛否を尋ねたところ、反対が過半数であった。ほぼ同時期に自然科学系の学会で実施された同様のアンケートでは、賛成が過半数を占めており、宮崎大学での結果と大きな差が見られた。この結果を受けて「逆風を順風に　宮崎大学女性研究者支援モデル」を事業名とした女性研究者支援事業をスタートさせた。

事業期間中に実施した数々の取組みの結果、事業が終了するころには、数値目標設定に反対する割合は、過半数から11％程度までに減少した。

同大学では、平成20年度に採択された「女性研究者支援モデル育成」を受け、新たに担当者会議を組織した。この担当者会議は、各学部から女性研究者支援及び男女共同参画に推進力のある教職員を委員として抜擢し、年間スケジュールの策定や事業方針の検討に取り組んだ。

事業期間中に設置された事業推進拠点「清花Athenaサポート室」は、事業終了後、女性研究者支援から男女共同参画推進へと事業の展開を図ることを目指し、学長、理事（研究・企画担当）のリーダーシップにより「清花アテナ男女共同参画推進室」へと発展した。

実務レベルの役割を充実させると同時に、研究・企画担当理事を委員長とした男女共同参画推進委員会を新たに発足させた。同委員会は、委員長以下、教育・学生担当理事（副委員長）、病院担当の理事、総務担当理事、各学部教員1名、推進室長（理事補佐）というメンバーで構成されてきたが、平成26年度からは、学長の強いリーダーシップで、理事補佐であった推進室長を男女共同参画担当の副学長に抜擢し、同委員会の委員長とすることで、さらなる機能強化を図っている。また、補助事業期間中の有期雇用であった副室長を、学長裁量費により正規職員として採用することで、事業の継続性・発展性を確保した。

## (4) 補助事業終了後を視野に法人が所管する男女共同参画推進室

上智大学では、全体の女子学生比率は50%以上であるが、理工学部に関しては、約23%と学内では低いほうであった。この理工学部に女子学生を増やすことが、同大学の学生数を増やすこととなり、ひいては大学が抱える少子化問題の対策にもなる。そのためには、理系女子のロールモデルとも言える女性教員を増やそうという背景のもと、「女性研究者支援モデル育成」に申請し、平成21年度に「グローバル社会に対応する女性研究者支援」という課題名で採択された。

事業期間中の平成23（2011）年1月、「上智大学男女共同参画宣言」を制定した。さらに、事業終了後の展開を視野に入れた新しい体制づくりを検討し、大学だけでなく法人が所管する教育機関（短期大学部、社会福祉専門学校など）を含めた「上智学院男女共同参画推進室」を事業終了前の平成24（2012）年1月に設置した。

現在（平成26〈2014〉年11月）、男女共同参画推進室は6名体制で、室長、室長補佐2名は兼任教員、コーディネーター

図表Ⅱ-1-3　上智学院の組織体制図

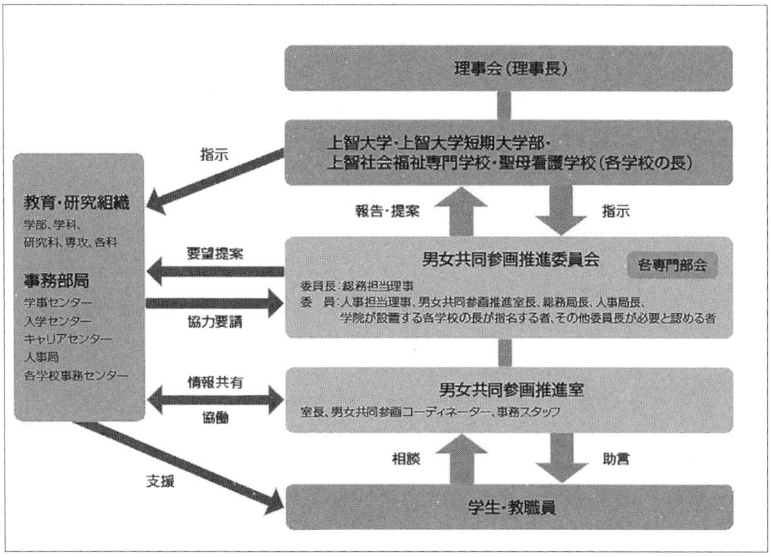

出所：上智学院男女共同参画推進室ホームページ

は事務職員の兼務、事務スタッフ２名のうち１名は、事務職員の兼務であるが、ほか１名は契約職員で構成されている。男女共同参画推進委員会の委員長は、総務担当理事、委員は人事担当理事・男女共同参画推進室長・総務局長・人事局長など、事務職員の参画があることが特徴である。組織内で男女共同参画をスムーズに行うには、教員だけでなく事務職員の主体的な参画が必要であることを考えれば、有意義な構成と言える。図表Ⅱ－１－３は、上智学院の組織体制図である。

## （5） 女性研究者支援と採用促進のための拠点づくり

東京農工大学は、平成18年度の「女性研究者支援モデル育成」である「理系女性のエンパワメントプログラム」（平成18～21年度）に採択されて以来、継続して採択されており、現在（平成26〈2014〉年9月）3つ目の補助事業である「理系女性のキャリア支援ネットワーク」（「女性研究者研究活動支援事業（拠点型）」平成25～27年度）を展開中である。推進母体は、男女共同参画推進室と女性未来育成機構の2つである（図表Ⅱ－１－４）。

男女共同参画推進室は人事担当者が窓口になっており、全学的な委員会方式の組織である。大学自体が農工学部の構成なので、理系中心の委員会である。推進室の事業は、職員も含め教職員を対象として保育所の

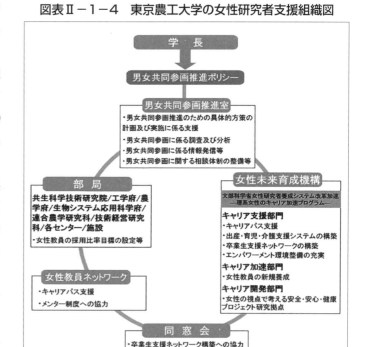

図表Ⅱ－１－４　東京農工大学の女性研究者支援組織図

出所：東京農工大学ホームページ

設置や、環境整備、規定の改革などを行っている。

女性未来育成機構の前身は、女性キャリア支援・開発センターである。このセンターは、平成18年度の「女性研究者支援モデル育成」のときに設置されたもので、女性研究者のサポート体制を整備することが目的であった。その後、平成21年度に「理系女性のキャリア加速プログラム」（「女性研究者養成システム改革加速」平成21～25年度）に採択されたときに、女性未来育成機構となった。機構では、女性研究者の採用に関して農工大式ポジティブ・アクション「1プラス1」（常勤の女性教員を採用した場合には、該当する専攻等に、プラス1名分の特任助教の人件費を支給する）を実施した。こうした取組みを他大学に先駆けて実施してきている。

## (6) 男女共同参画とダイバーシティ推進室

公立大学法人首都大学東京の男女共同参画推進事業の特徴は、ダイバーシティ推進室として、男女共同参画推進・障がいのある構成員支援・文化的多様性をもつ構成員支援の3分野をとおして、性別以外の差異をも視野に入れていることである。

このダイバーシティ推進室は学長直下の組織として、平成23年度文部科学省人材育成費補助金「女性研究者研究活動支援事業」（平成23～25年度）の初年度、平成23（2011）年に設置された。学長を統括責任者とし、その下に副学長を室長とするダイバーシティ推進室がある。推進室の構成員は、9名の学部教員と推進室長1名、そして推進室の専任スタッフとして3名の特任研究員である（図表Ⅱ－1－5）。

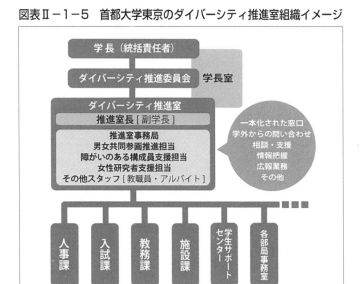

図表Ⅱ－1－5　首都大学東京のダイバーシティ推進室組織イメージ

出所：首都大学東京ダイバーシティ推進室ホームページ

ダイバーシティ推進委員会は、同大学のダイバーシティの推進を全学的に取り組むことを目的とし、学長が指名した副学長を委員長として、各学部・系から1名、国際センター1名、学生サポートセンター1名、学長室長、教務課長から構成されている。

補助事業に申請し、平成23（2011）年に「ダイバーシティ推進宣言」（同年3月）が出され、同様に「首都大学東京ダイバーシティ推進基本計画（平成23〈2011〉～28〈2016〉年）」も策定されており、これによって同大学の男女共同参画推進の基礎固めができた。

平成26年度は補助事業が終了しているが、首都大学東京では基金を設定し、補助金と同規模を独自財源として確保することで、事業を継続している。

## (7) 女性研究者キャリア開発センターと男女共同参画推進室の一本化

九州大学は、平成16（2004）年に委員会組織である男女共同参画推進室を設置し、その後、平成21（2009）年に総長を委員長とする男女共同参画推進委員会を設置している。

この男女共同参画推進室では、平成17（2005）年の公募情報から「九州大学では、男女共同参画社会基本法の精神に則り、教員の選考を行います」との文言を記載することとした。

平成19（2007）年には、文部科学省科学技術振興調整費「女性研究者支援モデル育成」に採択され、専任スタッフの常駐する女性研究者支援室を設置、育児中の女性研究者への補助員配置や大学院共通教育科目の設定など学内の基盤的な女性研究者支援システムを構築した。これとは

第Ⅱ部 〔実践編〕具体的な取組みや実践事例を知る

図表Ⅱ－1－6　九州大学の取組みの推移

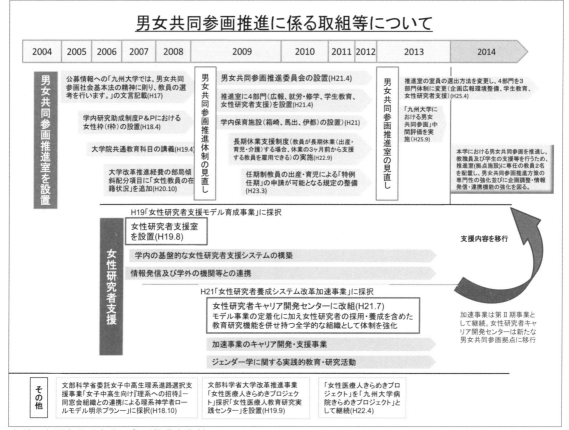

出所：九州大学男女共同参画推進室資料

別に平成21（2009）年には、理工農分野の女性研究者を増加させる取組みである「女性研究者養成システム改革加速」に採択されている。

　この間、平成21（2009）年4月に男女共同参画推進室では、広報部門、就労・修学部門、学生教育部門、女性研究者支援部門の4部門体制とし、総長を委員長とする男女共同参画推進委員会を設置した。同年7月には、女性研究者支援室を女性研究者キャリア開発センターに改組し、「女性研究者養成システム改革加速」の推進と併せて女性研究者支援の全学的組織として体制を強化した。この時期には学内全体で、学内保育施設（キャンパスの散在する3つの地域：箱崎・馬出・伊都）の設置、長期休業支援制度（教員が出産・育児・介護により長期休業する場合、休業の3カ月前から支援する教員を雇用できる）の実施、任期制教員の出産・育児による「特例任期」の申請が可能となる規定の整備などが進められた。

　補助事業「女性研究者養成システム改革加速」（課題名「女性枠設定による教員採用・養成システム」）は、女性研究者の増員策については大学の戦略上重要事項として研究戦略委員会が担当し、本事業のスキルアップ支援に関する部分を女性研究者キャリア開発センターが担当した。

同センターには、センター専任の准教授と助教、数名のスタッフが配置された。

現在、同大学の男女共同参画は、平成22年策定された大学の中期計画及び個別の計画である「九州大学における男女共同参画」「部局における男女共同参画推進のための方針等」に基づき取組みが行われている。平成25年度はその中間評価を男女共同参画委員会で行った。その結果、引き続き目標達成に向けて努力するとともに、次期計画等に引き継ぐこととなった。「女性枠設定による教員採用・養成システム」については、補助事業終了後も取組みを継続させることとなっており、女性研究者キャリア開発センターを発展的に解消し、男女共同参画推進室に一本化し、同室を大学の男女共同参画の拠点とすることとなった。男女共同参画推進室は、室長（男女共同参画担当理事・副学長）のもと、副室長と各部局選出の兼任教員、新たに採用された推進室専任の准教授2名、スタッフ2名とで構成されている。なお当該室は、伊都キャンパスへの移転に伴い、男女共同参画の拠点施設として新設が決定されている。

## 2 連携体制・ネットワークの構築

他大学との連携やネットワークが学内の推進・浸透をスムーズにする場合もある。女性研究者支援ならびに大学の男女共同参画を目的にした大学間の連携を行っている大学はいくつかあるが、ここではネットワークの構築が早かった九州・沖縄ブロックの事例を紹介する。

また、大学間の連携だけでなく地域・企業・団体との連携事業によって、企業の研究職・技術職をロールモデルとして理系を選択する理系女子の増加を促進したり、女性関連施設と連携することによって男女共同参画を進めている例もある。こうした地域・企業・団体との連携を実施している大学の事例も併せて紹介する。

### (1) 大学間の連携

九州・沖縄ブロックの事例として、九州・沖縄アイランド女性研究者支援ネットワークQ-wea（women's encouragement/empowerment association in Kyushu）について紹介する。

#### ネットワーク構築のプロセス

平成21（2009）年9月5日、宮崎大学の主催により「宮崎発！第1回九州アイランド女性研究者支援シンポジウム」が開催された。シンポジウム開催の契機となったのは、宮崎大学、九州大学及び熊本大学の女性研究者支援事業にかかわっていた担当教員同士による交流からである。九州で3番目に科学技術振興調整費「女性研究者支援モデル育成」に採択された宮崎大学が、先行して本事業に取り組んでいた熊本大学・九州大学に事業のノウハウについて情報の提供を受けた際に、九州というカテゴリーで一緒に何か取り組めるのではないかというプランに発展した。

そこで、宮崎で開催した第1回シンポジウムでは、支援事業に採択された3大学のほかに佐賀大学・長崎大学・大分大学・鹿児島大学・琉球大学といった九州圏内の国立大学に参加を呼びかけて開催することになったのである。

その後、毎年1回各県持ち回りで継続開催されている。第1回から、女性研究者支援事業への採択の有無にかかわらず、九州・沖縄8国立大学法人に参加を呼びかけ、平成26（2014）年9月には、熊本大学の主催により第6回が開催された。

このシンポジウムを契機に、各機関の実務担当者ネットワークとして誕生したのがQ-weaである。Q-weaでは、ウェブサイトの構築や学習会の定期開催等を継続しており、平成24（2012）年6月には沖縄科学技術大学院大学が、同年12月には福岡大学が、平成25（2013）年12月には公立大学法人福岡女子大学が加わり、平成26（2014）年11月現在で、11大学が参加している。

## 理事・副学長がパネリストになるシンポジウム

九州・沖縄アイランド女性研究者支援シンポジウムでは、メインイベントとして、各大学の理事・副学長が登壇するパネル・ディスカッションが行われ、主催大学の設定したテーマに沿って、大学の代表者が議論する貴重な場となっている。

また、主催大学により設定されたテーマについての論点や議論の進め方などは、参加機関担当者が事前に協議しており、実務者と大学代表者とが一体となってシンポジウムを構築してきた。その結果、平成24年度までに、九州・沖縄地区8国立大学法人が「女性研究者研究活動支援事業」（旧「女性研究者支援モデル育成」）に採択され、それぞれが特徴ある支援事業を実施している。

このシンポジウムは、実務者や研究者だけでなく理事・副学長など、各機関の意思決定に重要な役割を担うメンバーが一堂に会することで、ネットワークの重要性及び男女共同参画の推進や女性研究者支援に対しての意識がより強く醸成され、推進が加速される有効な機会となっている。

## ネットワークの意義と課題

このような大学間ネットワークの構築は、女性研究者支援及び男女共同参画についての取組みを自治体や企業に広め、より多様性のあるネットワーク構築に向けたきっかけとなり得る。

また、実務担当者のスキルアップやモチベーションの向上にもつながっている。理事・副学長によるパネル・ディスカッションを盛り込んだシンポジウムの定期開催は、ネットワークをより強固で継続性のあるものとして機能させる一助となっている。

大学間ネットワークをさらに拡充するためには、ネットワークを組織化し、参加機関の増加や有効な情報発信・共有に努めていく必要がある。そこで、平成26（2014）年10月から宮崎大学に事務局を設置し、2年ごとに見直しを行うという申し合わせをQ-weaで決定した。今後は、各大学が進めてきた「意識改革」「環境整備」「研究者支援」などの取組みを、どのように地域社会に広め展開していくかが重要な課題となるだろう。

---

【ネットワーク立ち上げのプロセス】

| | | |
|---|---|---|
| 平成20（2008）年 | 7月 | 宮崎大学が九州大学を訪問 |
| 平成21（2009）年 | 1月 | 九州大学が宮崎大学を訪問 |
| | 3月 | 宮崎大学が「宮崎発！第1回九州アイランド女性研究者支援シ |

|  |  |  |
|---|---|---|
|  |  | ンポジウム」開催に向け、熊本大学・九州大学を訪問 |
|  | 9月 | 宮崎大学にて、第1回シンポジウム開催、熊本大学・九州大学・佐賀大学・長崎大学・大分大学・鹿児島大学・琉球大学が参加 |
| 平成22（2010）年4月 |  | 「Q-wea's net」サイトオープン |
|  | 9月 | 佐賀大学にて第2回シンポジウム「佐賀から さらに拡がる女性研究者支援の絆」開催 |
| 平成23（2011）年9月 |  | 長崎大学にて第3回シンポジウム「西端（ながさき）につどい羽ばたく支援の絆」開催 |
| 平成24（2012）年6月 |  | 沖縄科学技術大学院大学が参加 |
|  | 12月 | 大分大学にて第4回シンポジウム「つづけること、つながること九州・沖縄の絆のちから～研究者が能力を発揮して輝くために～」開催 福岡大学が参加 |
| 平成25（2013）年9月 |  | 九州大学にて第5回シンポジウム「社会へひろがる 地域とつながる 女性活躍推進に向けて 大学からの発信」開催 |
|  | 12月 | 公立大学法人福岡女子大学が参加 |
| 平成26（2013）年9月 |  | 熊本大学にて第6回シンポジウム「大学・地域・社会の連携と大学の多様性～社会変革に向けた大学の役割～」開催 |

Q-weaネットワークのロゴ・マーク

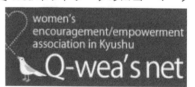

（Q-weaネットワーク熊本学習会（平成26年5月27日）配布資料をもとに作成）

## （2）大学以外の機関との連携

　産官学民との連携の事例となる「女性の大活躍推進福岡県会議」（以下、「福岡県会議」）と福岡女子大学ならびに九州大学の事例と、地域との連携の事例として男女共同参画センターと連携して学生のキャリア教育をとおして大学の男女共同参画を進める静岡県立大学の事例について紹介する（コラム⑤大阪府立大学も参照）。

### 産官学民との連携

　企業や自治体、各種法人などから構成されている福岡県会議と九州大学の男女共同参画推進室ならびに福岡女子大学の女性研究者支援室が、女性の活躍推進を共通テーマに連携している事例である。

第Ⅱ部 〔実践編〕具体的な取組みや実践事例を知る

図表Ⅱ－1－7 女性の大活躍推進福岡県会議の組織・体制図

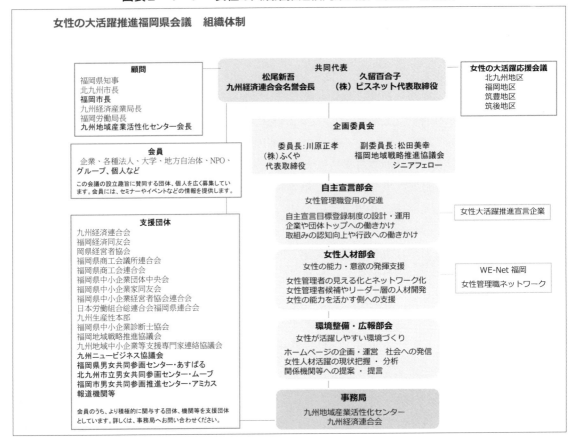

出所：女性の大活躍推進福岡県会議作成

　福岡県会議は、平成25（2013）年5月に発足した産官学民一体の組織である。代表者は、九州経済連合会名誉会長（男性）と民間企業の代表取締役（女性）の共同代表である。福岡県内の九州経済連合会、福岡経済同友会などの経済団体、企業、各種法人（NPO含む）、大学、地方自治体、個人等およそ240組織（平成26〈2014〉年11月26日現在）が会員として参画している。

　福岡県会議の活動内容の企画と運営は、30名程度の委員で構成される企画委員会が担っている。この企画委員会に九州大学の男女共同参画推進室と福岡女子大学の女性研究者支援室が委員として参加している。また、企画委員で構成する部会は、自主宣言部会、女性人材部会、環境整備・広報部会に分かれている。

　福岡県会議の目的は、「経済活動における女性の活躍推進により、企業経営や地域経済の活性化を図り、男女ともに働きやすく、生きやすい社会づくり」である[2]。組織・体制図は、上記のとおりである。

　福岡県会議では、女性管理職比率・数等の目標設定促進のための「女性大活躍推進宣言登録制度」を設け、企業や団体の女性管理職登用の数値の「見える化」を行っている。平成26（2014）

年11月21日現在、150企業・団体が宣言を行っている。

　大学に関しては、九州大学は「『九州大学における男女共同参画』（平成22〈2010〉年策定）の基本理念に基づき、女性研究者の増加やその研究助成、学内保育施設の設置等の環境整備に努めてきたが、引き続き積極的に推進するとともに、平成27年度までに女性教員の比率を13％以上にすることを目指します」と宣言した。

　福岡女子大学は「女性研究者の上位職への登用を促し、5年以内に教授職の女性研究者を倍増します。また、機関の意思決定に係る役職者の女性比率を12.5％から25％にします」としている。

　平成26年度は、宣言団体を300企業・団体にすることを目標としている。

　大学の男女共同参画の推進事業が企業と連携することの意義は、次の4点が挙げられる。

　第1に、女性研究者という場合、大学の研究職だけでなく企業の研究職・技術職が対象となることによって、女性研究者のロールモデルが増える。

　第2に、大学院修了者やポスドクなどが大学の研究者を目指すだけでなく、企業の研究者・技術者になるという選択肢の広がりが期待できる。例えば、大学の研究室と企業が連携して商品開発や政策提言を行うことによって、そうした研究にかかわった研究者の受け皿に企業の研究職・技術職が位置づくこともある。同時にこのことは産学連携の取組みともなる。

　第3に、大学院生・ポスドクの受け皿というだけでなく、学生のインターンシップ先としても期待できる。大学生の就職困難な現状を考慮すると、学生のキャリア形成支援は、どの大学も重要な課題である。そうしたキャリア形成支援の一環として、就労体験は貴重であるが、受け入れ企業を開拓することは容易ではない。そうしたなかで、大学と企業の女性活躍推進事業が連携することによって、企業が女子学生のインターンシップ受け入れ先となる可能性がある。

　第4に、企業の研究者・技術者の研修先として大学の研究室が利用できる。

　このように、大学と企業が男女共同参画の推進を軸として連携することによって、大学の女性研究者・女子学生のキャリア形成、さらに企業の女性研究者・技術者のキャリア形成につながっていくと考えられる。

## 自治体や男女共同参画センターとの連携

　静岡県公立大学法人静岡県立大学は、学長が静岡県男女共同参画推進会議の座長を務めた経緯もあり、平成20（2008）年7月に男女共同参画推進センター（以下、「センター」）を設置した。設置の目的は、「研究・調査や教育・啓発の充実、雇用や環境の整備などさまざまな面から、学内の男女共同参画の実現を目指して、すべての学生と教職員に対する全学的な取組みを行っていくこと」である。

　主な業務は、センター規則第3条（業務）項目4にあるように、男女共同参画に関する教科や啓発といった学生向けの取組みであり、これが同大学の特徴となっている。

　センターの構成員は、センター長（教授）、副センター長（准教授）、センター教員3名（教授1、助教2）、センター職員1名である（平成26〈2014〉年11月現在）。センター教員は学部と兼務、センター職員も大学事務局と兼務である。

図表Ⅱ－1－8　静岡県立大学男女共同参画推進センター 業務・活動概念図

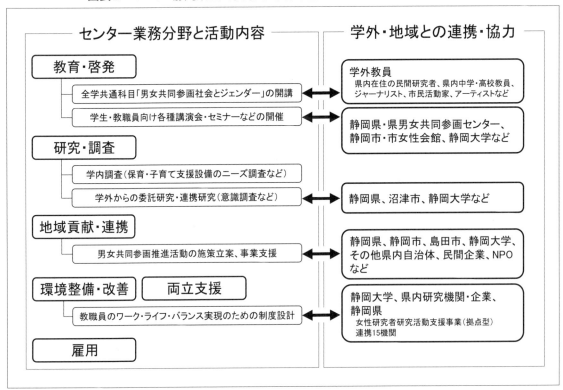

出所：静岡県立大学男女共同参画推進センター作成

　同大学の取組みの特色は学外との連携にある（図表Ⅱ－1－8参照）。教育・啓発や研究・調査においても積極的に地域のさまざまなアクターとの連携や協力を行っているが、特に地域貢献活動は主要な業務分野であり、静岡県や島田市など行政とのかかわりのなかで学生主体の多様な地域貢献活動を行っている。また、静岡県男女共同参画センターや静岡市女性会館と連携し、学生向けの啓発講座を実施している。

　センターの中心的業務である学生のキャリア形成についても、男女共同参画の視点をもって社会に出ていけるようにと公益財団法人日本女性学習財団及び静岡市女性会館が主催し、同大学のセンターとキャリア支援センターが共同開催で女子学生限定の就活セミナーを実施するなど、学外との連携をとおした特色ある活動を行ってきている。ロールモデルの発掘などは大学やセンターだけでは難しく、静岡市女性会館などの女性関連施設との連携によって実現している。

　文部科学省の補助事業には取り組んでいないが、学生のキャリア形成と男女共同参画という視点で、地域との連携を図り、公立大学の特徴を生かしながら、大学の男女共同参画に取り組んでいる。

## 3 ニーズの把握・実態調査と評価の方法

　大学の男女共同参画の基盤づくりとして、委員会の設置や運営のための推進室・センターの設置などの組織体制の整備や、大学間連携や企業、団体などとのネットワークについての事例を見てきた。ここではさらに、男女共同参画の環境整備のためのニーズの把握や実態調査、評価の方法について考える。

### (1) ニーズの把握と実態調査

　女性研究者支援ならびに大学の男女共同参画の事業を推進するに当たって、対象となる教職員の意識調査、ワーク・ライフ・バランスの実態、大学の制度の現状などを把握する必要がある。そうした実態を踏まえたうえで、どのようなニーズがあるのかをヒアリングして、事業に反映させることも重要である。したがって、全学的なアンケート調査（量的調査）と個別のニーズを把握するための質的調査が必要になってくる（コラム⑥「アンケート調査による実態・課題・成果の把握」参照）。

　全学的アンケート調査は、補助事業を採択されたほとんどの大学で実施しているが、多くが教員対象で、事務職員にまでアンケートを実施している大学は少ない。女性研究者支援や大学の男女共同参画を推進するためのさまざまな事業を実施するに当たり、事務職員の理解と協力は欠かせず、教員だけでなく事務職員のニーズや実態の把握も必要である。

　個別ニーズの把握について、香川大学では各部局の男女共同参画推進室員を兼務している女性研究者にヒアリングを行った。室会議では発言しにくいことも個別にヒアリングすることでニーズが把握できると同時に、各部局の事情についても聴くことができる。また、男女共同参画推進室と室員である女性研究者の関係づくりにもなる。初年度は、女性研究者にどのようなニーズがあるのか、2年目は、研究支援員制度を活用している女性研究者に制度の課題と必要な支援をヒアリングした。なお、女性研究者の少ない農学部、工学部については、ロールモデル集の作成の機会を通じて、全員にヒアリングした。

　ヒアリングの結果、トイレのベビーシート設置や休日出勤の保育などが実現した。また、病児保育の要望書を「女性医師のつどい」と男女共同参画推進室の連名で提出することができた。このように女性研究者の要望を実現することによって、さらに男女共同参画推進室と女性研究者の関係が密になっていった。

### (2) 男女共同参画の評価

　大学の男女共同参画の取組みを継続させるためにも、事業の評価は重要である。大学ごとに外部評価委員などによる評価体制が採られているが、ここではお茶の水女子大学が、補助事業に採択された全国の大学・機関を対象に毎年実施している「お茶大インデックス」という評価指標を活用した評価について紹介しよう（図表Ⅱ－1－9）。

第Ⅱ部 〔実践編〕具体的な取組みや実践事例を知る

図表Ⅱ-1-9　お茶大インデックス

出所：お茶の水女子大学『COSMOS WORK BOOK』（2009）

「お茶大インデックス」は、同大学の「女性研究者支援モデル育成」(平成18〜20年度)によって得られた成果をもとに作成された。補助事業の課題名が「女性研究者に適合した雇用環境モデルの構築」とあるように、女性研究者の雇用環境・体制を整備するための支援がどの程度達成されたかを評価するものである。各大学が毎年チェックすることによって、進捗度の確認と自己評価、それに従った計画の見直しなどを行うことができる。つまり、「お茶大インデックス」を活用することによって、PLAN(計画)⇒ DO(実行)⇒ CHECK(状況と効果の把握)⇒ ACT(調整・改善)を図るというものである。これらをSTEP1からSTEP4の段階としてとらえている。

STEP1は、現状を理解・把握して支援方法を考え、計画を立てる段階、STEP2は、計画に沿って支援活動を実行する段階、STEP3は、支援の利用状況、支援の効果をチェックする段階、そしてSTEP4は、チェックを踏まえて、支援方法を見直す段階である。チェック項目の内容は以下のとおりである。

全50項目を次の4つに分類し、さらに括弧のように分けている。
1　全学的な支援体制(組織・勤務体制)
2　女性研究者支援(子育て支援・研究教育支援)
3　情報支援
4　意識啓発(次世代育成の取組み・意識啓発の取組み)

この4つの分類に従って、全50項目が設定されている。組織に関しては、女性を採用・登用、公正に評価するシステムの有無が中心である。勤務体制については、会議時間を5時以降にしないなどが盛り込まれている。子育て支援については、病児・病後児保育の設置や学童保育施設の設置など、どの大学でも要望の高いものが挙げられている。研究教育支援では、育児期における柔軟な勤務体制の導入や出産・育児に配慮した業績評価制度の導入、学生・院生に対する子育て支援なども含まれる。

こうした50項目について、「していない、している、活動している／継続している」などの3段階で回答するようになっている。評価は、すべて点数化され、総合評価(合計点数)は5段階で自己診断できる。

5段階評価に従って、女性研究者が働きやすい雇用環境を整備する手法をまとめたCOSMOS Work Bookを用いて計画の見直しを実施する。「お茶大インデックス」という共通の評価指標があることによって、大学ごとの個別の評価だけでなく、全国の大学と比較することも可能である点で、意義ある評価指標と言える。

注

(1) 大学が実施する教育改革の取組みのなかから、優れた取組みについて文部科学省が支援を行うプログラムで「Good Practice (GP)」と呼ばれている。
(2) 「女性の活躍で企業が変わる地域が変わる」女性の大活躍福岡県会議作成パンフレットより引用した。

野依　智子

### column ④

## 東京学芸大学　ボトムアップとトップダウン

　東京学芸大学は教育学部・教育学研究科（修士課程・教職大学院）・連合学校教育学研究科（博士課程）に約6,000名の学生がおり、また、その数に匹敵する児童・生徒のいる11の附属学校園、そして大学キャンパス内に大学関連NPOの運営する保育園を有しています。

　教員養成大学には、教育学以外に、教科内容にかかわる人文社会科学、自然科学、芸術・スポーツ科学まで幅広い専門分野の教員がおり、ジェンダー問題を専門としたり、さまざまな分野でジェンダーの視点をもって教育・研究する男女教員も比較的多くいます。

　これらのメンバーで平成12（2000）年以前から教員養成にジェンダーの視点を入れることについての学内研究会があり、またセクシュアル・ハラスメント対応の組織ができる以前には、そのための情報交換を主とする女性教員の会などが1990年代からあり、私もそれらのメンバーでした。

　平成16（2004）年、私は大学の4つの学系の1つの長になり、2年の任期の後半になって、大学での男女共同参画推進の組織的取組みの必要性を学長や役員等に訴え認められました。最後の半年で、大学教員・事務系職員・附属学校関係者を含む男女共同参画推進プロジェクトが今後の取組みを提案したり、附属学校、大学を含む実態をまとめた男女共同参画白書を刊行するなどしました。当時の大学の女性教員比率は17.0％で、平成18年度には大学に男女共同参画推進本部が設置されました。同年、私は教育担当の理事・副学長になりましたが、男女共同参画推進の担当は財務や人事を担当する理事にお願いし、私は後方支援にまわりました。その結果、予算措置なども実現しました。

　男女共同参画推進本部は、最初の4年は保育所づくりを中心課題として活動し、平成22（2010）年に実現にこぎつけました。続いて、教員養成大学も申請可能となった文部科学省の「女性研究者研究活動支援事業」の申請を準備し、平成23年度の採択後の実施をリードしてきました。

　事業の採択後は、実施機関として男女共同参画支援室を開設、専任スタッフを配置し、ライフイベントと研究活動の両立支援、意識啓発、女性研究者の増大と裾野拡大を柱に取り組みました。平成25年度までの達成目標のうち、准教授・講師の女性比率はほぼ達成したものの、教授20％の目標にはやや届きませんでした。

　平成25年度の大学執行部は学長・理事・副学長計7人中3人が女性という体制でしたが、学長の交代後は、女性の層の厚さが足りないこともあり、執行部に女性の姿が見えな

くなり、大学としての一層の組織的な取組みの必要性を痛感しました。しかし、助成事業の終了後も男女共同参画支援室は規模を縮小しつつ維持しており、新執行部も引き続き取組みを推進する姿勢ですので、教授の女性比率の向上などと併せ、今後の展開を期待しています。

　他大学でも、ボトムアップの素地のある大学は多いと思います。それを事業の推進を支える基盤として、トップのリーダーシップで男女共同参画の推進が図られることを望みたいと思います。


（公財）日本女性学習財団理事長／東京学芸大学名誉教授・前学長
村松　泰子

column ⑤

# 公立大学法人大阪府立大学
## 公立ならではのネットワークを生かす
## 地域と連携した女性研究者支援事業

　大阪府立大学では平成22年度から、学内外と連携しながら女性研究者支援事業を進めています。特に、行政や地域とつながりがある公立大学ならではのネットワークを生かした取組みが成果を上げています。

● 行政とのネットワークの活用 ●

　まず実施したのは大阪府のもつネットワークを生かした情報発信で、逓送便（ていそう）制度を利用しました。この逓送便制度は、大阪府から府内市町村への文書送付のためのネットワークで、大阪府庁経由となるため送付に時間はかかりますが、無料で、大阪府内の市町村の男女共同参画関係課・男女共同参画推進センター等に、女性研究者支援事業のニュースレターを送付できます。それによって、市町村から理系女子大学院生チームIRIS（アイリス）（以下、「IRIS」）への講師依頼が増えるなど、波及効果があります。ほかにも、大阪府庁の各部署に協力を依頼し、その部署がもつネットワークから企業・団体・高校などに対して、本事業で開催するセミナー等の情報発信を行います。

　また、大阪府及び堺市とはロールモデル・セミナーも共催しました。これは、講師を行政から推薦してもらい、大学の授業（全学共通科目）にゲスト・スピーカーとして招くもので、毎回、約150人の男女学生が受講しています。講師は基本的に女性を推薦してもらうようお願いします。それは、学生は親や教師以外の大人と接する機会が少なく、特に自分の母親が専業主婦の場合は働き続けている女性が身近にいないため、学生に社会で活躍する女性をロールモデルとして提示する必要があると考えているからです。実際に大阪府からは大阪府のロールモデル・バンク登録者の本

ロールモデル・セミナー

第Ⅱ部 〔実践編〕具体的な取組みや実践事例を知る

子どもサイエンス・キャンパス

学出身の女性研究者を、堺市からは初の女性副市長を紹介していただいて、セミナーを開催しました。

子どもサイエンス・キャンパスは、IRISが理系女性のロールモデルとして講師になって行う、小中学生を対象とした実験教室です。IRIS自身にとってはサイエンス・コミュニケーションやプレゼンテーションの腕をみがく場であることはもちろん、大学院生とはいえ今の子育てや小中学校などの教育現場の状況にニュースなどで間接的にしか触れてないため、地域の子どもたちやその保護者の皆さん、小中学校の先生方と直接触れ合える、貴重な機会となっています。

開催場所としては、大学キャンパス内のほか、上記の広報活動や子どもサイエンス・キャンパスに参加した保護者の口コミの効果で、小学校、子ども会、市町村の男女共同参画推進センターなどから依頼を受けて出張するようになりました。1期生（平成23年度）〜4期生（平成26年度）の実施数は32件で、大学本部のある堺市に限らず、大阪府内の広い地域で開催しています。特に市町村の男女共同参画推進センターは、子どもサイエンス・キャンパスの開催によって女子の理系への進路選択を促進するだけでなく、小中学生とその保護者が参加することによって男女共同参画関連のイベントへの参加者の若返りを図ることができ、喜ばれています。

結成当初は文部科学省の補助金事業（女性研究者支援モデル育成）の一環として実施していたIRISの活動ですが、大学の自主事業となった現在では、IRISの講師謝金・交通費と参加者の実験材料を主催団体で負担・調達してもらうことにしています。それでも多くの依頼があるため、平成26年度からは、大阪府立大学内の他の学生団体にも協力してもらい、依頼を断らずに大学全体で調整できるよう工夫しています。

また、IRISは自分たちで実験内容を考え、それを依頼団体からのニーズ（夏休みの宿題としてなど）や開催場所の制限（水・火が使えないなど）に合わせたかたちで調整し、子どもたちにどうしたら伝わるかを考えながら資料を作り、実施しています。このように大学院生が主体的に実施している活動であることを理解してもらうため、毎年、「IRIS活動報告会」とセットで、依頼を予定している機関・団体が対象の「IRISへのイベント実施申込説明会」を開催しています。この説明会を行うことによって、お互いのニーズを確認してから事業を進めることができます。

## ●連携が連携を呼ぶ効果●

　このように連携した事業をニュースレターやホームページで報告すると、別の連携事業の依頼が女性研究者支援センターにくるようになります。他の機関・団体との連携実績があるため、安心して連携をもちかけやすいようです。

　例えば、企業から実験にかかわる製品の女性研究者との共同開発をもちかけられたり、総領事館からロールモデル・セミナーの共催を提案されることもあります。

　ほかに商工会議所は、地場産業を紹介するイベントで、子どもサイエンス・キャンパスのスポンサーとして堺市内の企業を紹介してくれます。女性研究者支援センターでは、そのスポンサー企業を学内の女性研究者にも紹介し、その後の共同研究につながるようにしています。

　連携が連携を呼ぶことでネットワークが広がり、学外で女性研究者支援事業の評価を高めることで学内の評価も高まるという相乗効果が期待できます。そのため、地域とつながることは、女性研究者支援事業の継続につながる可能性を開いてくれます。

### 参考文献
1　大阪府立大学女性研究者支援センター「News Letter」, No.7, 2012.11.
　　http://www.osakafu-u.ac.jp/data/open/cnt/3/9230/1/newslater_7.pdf
2　大阪府立大学女性研究者支援センター「IRIS活動報告集Ⅲ」, 2013年度
　　http://www.osakafu-u.ac.jp/opu_common/book/iris_2013/#page=1

大阪府立大学女性研究者支援センターコーディネーター

巽　真理子

大阪府立大学女性研究者支援センターの取組みについて
詳しくはホームページ　http://www.osakafu-u.ac.jp/genki/

## column ⑥

# アンケート調査による実態・課題・成果の把握

　女性研究者支援や男女共同参画の推進事業を企画・立案するためには、まずは大学を構成するメンバー一人ひとりが、大学の人事・雇用政策のあり方や職場環境、ワーク・ライフ・バランスの充実などについて、どのような意識やニーズをもっているのかを明らかにする必要があります。そこで「女性研究者支援モデル育成」や「女性研究者研究活動支援事業」に採択された大学のほとんどでは、全学的なアンケート調査が実施されています。採択を受けて調査を実施する大学もあれば、調査結果を踏まえて必要な事業を計画し、採択された大学もあります。

### ● 基礎情報を把握するための全学的な調査 ●

　大学における女性研究者支援や男女共同参画を推進するための事業は、大きく「仕事と家庭を両立できる環境の整備」と「女性研究者の採用・登用の促進」に分けることができます。そこで全学的なアンケート調査も、主にこれら2つの観点から行われています。
　研究・教育という仕事は必ずしも「時間量」で量ることができず、家庭生活との区切りもあいまいになりがちなことから、研究者にとって「仕事と家庭の両立」は難しいテーマです。にもかかわらず、研究者の時間の使い方やワーク・ライフ・バランスについては、客観的なデータが不足しています。そこで各大学では、一人ひとりの生活時間をはじめ、職場環境に対する評価や妊娠・出産・介護などに直面したときに必要な支援、両立支援制度をより利用しやすくするための方策などについて尋ねています。もう一方の「女性研究者の採用・登用の促進」については、実際に各大学で行われているポジティブ・アクション（女性研究者の雇用や登用を促すシステムなど）に対する認知や評価、またそもそも「大学として女性研究者の採用・登用を促進すること」に関する意見などについて尋ねています。
　これらの調査から、女性のほうが家事・育児時間が多く、女性のパートナーは大半が正規雇用者であるのに対し、男性のパートナーは無職の割合が高いなど、性別役割分担が根強いことが見てとれます。また女性研究者はパートナーも研究者である割合が比較的高く、夫婦ともに研究者としてのキャリアを継続するために、別居を余儀なくされがちです。このため1人で家事・育児を担っている女性研究者も多く、その身体的・精神的負担は多大です。さらに、多くの大学では上位職（教授、管理職など）ほど男性比率が高く、女性の

登用が十分に進んでいません。採用や昇進・昇級などの人事制度、所属する部局や研究室、研究分野などの慣行において、「男女差がある」という回答も見られます。しかしながら、ポジティブ・アクションについて「反対」「わからない」といった回答が少なくないことから、理解を得るためにさらなる努力が必要であると報告されています。

## ●取組みのニーズや成果を把握するための個別調査●

このような基礎情報を得るための全学的調査に加えて、個別の取組みの参加者や利用者を対象とする調査も実施されています。

例えば女性研究者のニーズが非常に高い取組みである「保育サービス」については、学内の保育所やベビーシッター利用料補助制度などの利用者に対して、感想や要望が尋ねられており、サービスのさらなる向上に生かされています。同じく女性研究者のニーズが高く、また成果も非常に高い取組みである「研究支援員制度」についても、利用者に対して、依頼した教育・研究支援の内容や、支援が研究の進捗やワーク・ライフ・バランスの充実に及ぼした効果などが尋ねられています。これらの調査結果も、より効果的な制度設計に生かされています。教育・研究を「支援する側」にとってもスキルアップにつながり、利用者の所属研究室や部局でワーク・ライフ・バランスの重要性がより意識されるようになるなど、波及効果が大きいことも明らかにされています。

## ●アンケート調査がもたらす効果●

多くの大学では、報告書やホームページ、ニュースレターなどを通じて調査結果を公表しています。これによって、ワーク・ライフ・バランスをめぐる教職員の意識や実態、女性研究者支援や男女共同参画を推進するための個々の取組みの効果などの「見える化」が進んでいます。日ごろ、教職員が互いの家庭生活などについて話し合う機会は限られ、特に複数のキャンパスからなる大学では、キャンパスごとに職場環境や構成員のニーズが異なりがちです。ですから「全学的に」事業を推進するうえで、教職員一人ひとりが置かれている状況やニーズの「見える化」は不可欠な作業と言えるでしょう。

さらに、先進的な取組みを行う大学の調査結果は、これから事業を企画・立案しようとする大学にとって参考となり、より多くの女性研究者の教育・研究環境が整備されることにつながります。また重要な視点として、女性研究者支援やワーク・ライフ・バランス充実のための取組みから恩恵を得るのは、女性だけではありません。「女性を支援するために」設置された学内保育所が、多くの男性教職員に利用されているといった事例は多く見られます。各大学のアンケート調査でも、女性研究者の教育・研究環境の整備は、結果的に全学的な環境改善につながることが報告されています。

またアンケート調査は、「実施すること」そのものに意義があるとも言えます。調査に

回答することで女性研究者支援や男女共同参画に関する意識が高まり、自身のワーク・ライフ・バランスのあり方を見直すきっかけになるからです。

　以上のように、アンケート調査を実施することで既存の取組みの見直しや新たな取組みの企画が進んだり、たとえ対象者は限定的であっても、ニーズと効果が多大な取組みであることが明らかにされたりします。また、一見、女性限定であるかのような事業が大きな波及効果をもたらすことも浮かび上がります。これらの知見を学内外に公表することで、事業を継続・発展させるための理解が広がることは、大きな利点と言えるでしょう。

国立女性教育会館研究国際室研究員<br>
島　直子

# 第2章 女性研究者の採用・育成のための取組み

- なぜ大学が女性研究者の採用・育成に取り組まなければいけないのですか？
- 女性研究者を支援するための取組みは、男性研究者に対する逆差別になりませんか？
- 女性研究者を支援するために、助成金がなくても工夫できることはありますか？
- ロールモデルやメンター制度はどのように活用されていますか？
- 中学生や高校生に向けて大学ができることは何ですか？

　女性研究者数とその割合の増加は、高等教育・研究機関である大学における男女共同参画の進展を表す重要な指標である。欧米では女性研究者が増えない状況を、「水漏れしやすい水道管（leaky pipeline）」と表している。さまざまな理由から研究職キャリアを目指す女性たちが抜け落ちてしまい、最後まで残ることができる女性がわずかとなる状況を示すものである。この問題の解決には、大学において女性研究者の採用・育成を阻害する要因を除去し、女性研究者を減らすことなく増やしていくための制度やしくみづくりに取り組む必要がある。大学以外に女性研究者が活躍できる場を広げていくことや、意思決定レベルのポジションに就きリーダー的役割を果たす女性研究者を増やしていくことも重要である。また、大学生や中高生など、次世代の研究人材も増やしていかなければならない。

　本章では、第1節で女性研究者の活躍を推進する国内外の動向について述べる。次に、女性研究人材のパイプラインの強化を念頭に置き、3つの節にわたり、女性研究者のキャリア形成支援に向けて全国の大学が実践している取組み事例を紹介する。第2節では、より多くの女子学生が研究者を目指すスタートラインにつけるように採用段階から女性研究者を増やす取組み、第3節は、研究者としての仕事のスタートを切った女性たちが、研究を継続し、自立した研究者として成長し、活躍できるようにするための支援や環境の整備、第4節は、女性研究者がいまだ少ない分野への参入を促し、意思決定を行う上位職や指導的役割を担う立場に女性研究者を増やす支援策について紹介する。第5節では、次世代研究人材として、大学院生や中高生を対象に行われている取組みを紹介する。

　なお以上の取組みを進めていく前提条件として、ワーク・ライフ・バランスを含めただれもが働きやすい職場としての大学の環境整備が欠かせない。これについては第Ⅱ部第3章で取り上げる。

## 1 女性研究者の活躍を推進する国内外の動向

本節では、女性研究者を対象とした積極的な採用や育成の取組みを通じて女性研究者を増やすことにかかわる、国内外の女性研究者支援の動向及び、それを進めるために重要となるポジティブ・アクション、企業における取組みについて、紹介する。

### (1) 国内外の動向

諸外国における女性研究者の比率は、日本に比べて高い水準にある。日本よりも女性研究者割合が高い欧米は、女性研究者の活躍できる環境づくりに一足早く取組んできた。

米国は、教育改正法第9編（1972年）で、連邦政府が財政援助をする教育機関における性差別を禁止しており、科学技術機会均等法（1980年）が、科学技術分野に女性を奨励するための研修・調査、プログラムに対する助成を通じて女性研究者支援策を進めてきた。国立科学財団（National Science Foundation、NSF）には、多様性と包摂オフィス（Office of Diversity and Inclusion）が設置され、連邦政府の助成を受けた教育機関の機会均等や多様性を保証するための活動として、科学技術分野における女性研究者数の増加を目的とした、賞の授与や調査・研修プログラムへの助成が行われている。NSF が設置している ADVANCE プログラムは、2001年から2014年までに199機関に対して297の助成を行ってきた。そのポータルサイトでは、これまで助成金を得た機関や個人及び実施されたプログラムの詳細に関する情報を得ることができる。

欧州でも同様に女性研究者支援策が進められている。"Science Policies in the European Union（EU の科学政策）: Promoting Excellence through Mainstreaming Gender Equality" では、EU の政策として、均等待遇、ポジティブ・アクション、平等施策の主流化の3基軸が進められている。

アジアでは、韓国が2002年に「女性科学技術者の支援促進法」を制定し、女性科学技術者の支援を目的とした全国的な機関である「NIS-WIST（全国女性科学技術人材支援センター、National Institute for Supporting Women in Science and Technology）」を2004年に発足させている。ここでは、科学、技術、工学分野の大学及び企業の女性研究者や女子大学生、女子高校生を対象に、ライフステージに応じたさまざまな支援を行っている。

日本では、第3期、第4期科学技術基本計画で女性研究者割合の数値目標を掲げるなど女性研究者数を増やすための取組みが進んできた。文部科学省は、平成18年度から女性研究者支援事業を立ち上げ、女性人材の育成強化を図っている。女性研究者の研究環境を整備し、出産・子育てや介護など生活の調和に配慮することで、研究力向上及び上位職への積極的登用に向けた環境整備の取組みを行っている（コラム⑦文部科学省参照）。

### (2) ポジティブ・アクション

現状の大きな性別格差を解消し、女性教員や女性研究者の数を増やすための取組みとして、数値目標を設定して積極的な措置を採ることに対して、男性への逆差別にならないか、質ではなく

数だけ問うのかといった議論や問題提起がなされることもある。

　法律等による差別の禁止のみでは解消できない格差を速やかに解決していく重要な方策が「ポジティブ・アクション（積極的改善措置）」である。国連の女子差別撤廃条約では差別の是正に必要な暫定的な特別措置をとる（第4条1項）ことが規定されている。男女共同参画社会基本法には、「男女間の格差を改善するため必要な範囲内において、男女のいずれか一方に対し、当該機会を積極的に提供すること」（第2条2項）とある。男女雇用機会均等法（第8条）でも事業主が講じるポジティブ・アクションが適法である旨を明らかにしている。

　実際には、性別を基準に一定の人数や比率を割り当てる手法以外に、女性の参画拡大に関する一定目標と達成までの期間の目安を示してその実現に努力する方法や、女性を対象とした応募の奨励・研修・環境整備など女性の参画促進や活動範囲の拡大につながる取組みを積極的に評価することで、取組みの実施に向けたインセンティブ付与を行うことや、育児・介護休業制度の充実を含むワーク・ライフ・バランスにかかわる施策もその一環に含まれる。

　国立大学協会のアクション・プランでもポジティブ・アクションの導入が提言されているが、大学における女性研究者の育成・採用の支援では、各大学組織の現状と目的に照らして暫定的に積極的な改善処置を取りつつ進めていく必要がある。

## (3)　企業が求める多様性と女性研究者

　女性研究者が活躍する場は大学だけに限られない。企業で活躍する技術者・研究者としての女性研究者人材の育成も大学に求められる役割である。しかし「科学技術研究調査」（総務省）によると、平成25（2014）年の所属機関別女性研究者割合は、大学等が25.0％、非営利団体・公的機関は15.4％に対して、企業の女性研究者割合は8.0％と1割に満たない。この理由の1つには、企業が求める理学・工学分野を大学で専攻する女性が少ないことがあげられている。グローバル化や少子化が進展し、企業は多様な人材を確保することで技術やサービスの革新を図る必要に迫られており、女性の活躍への経済界からの期待も高まっている。

　一般社団法人日本経済団体連合会は、平成25年2月に「理工系人材育成戦略の策定に向けて」を公表し、大学における教育内容の充実と質の保証、若手の育成を目的とした継続的施策の実施、産業界との連携対話の強化と並び、「4. 女性理工系人材の重要性」を取り上げた。翌年4月には、「女性活躍アクション・プラン～企業競争力の向上と経済の持続的成長のために～」が発表され、女性が理工系に対して正しい認識を持ち、先入観や固定観念に誘導されることなく進路選択ができるようにするため、政府が産業界や大学等と連携して、小中高校教育に働きかけることの必要性を説いた。女性比率を引き上げていくとともに、中高生に理工系分野の魅力を説明する産学官の取組みを拡大していくことや、企業における女性の活躍状況やキャリアパスを明示化するなど、女性理工系人材が一層活躍できる環境の整備に努めることが打ち出されている。

　女性研究者人材の積極的な採用や育成は、海外で一足早く進められてきたが、現在は日本国内でも喫緊の課題として、行政、高等教育機関及び経済界も含めて取組みが進んでいる。

## 2 採用段階から女性研究者を増やす工夫

採用段階から女性研究者を増やす工夫として、これまで各大学が取り組んできた方法を、(1)担当部局にインセンティブ（誘因）を付与する積極的な採用の推進、(2)女性限定公募、同等評価の場合の優先・積極採用、(3)女性の置かれた状況を勘案した柔軟な採用に関する工夫例、の3つに分けて紹介する。

### (1) インセンティブ付与による積極的な採用の推進

インセンティブとは、人々の行動や意思決定を変化させるような誘因を指す。文部科学省の女性研究者支援事業に取り組んだ大学では、特に理系分野の女性研究者数の拡大を目的に、インセンティブ付与による積極的な採用を進めてきた。各大学のそうした取組みを見ていく。

**女性教員の積極的採用・昇任、ポジティブ・アクション北大方式**

北海道大学は、2020年までに女性研究者比率を20％までに上昇させることを目的に、これまで「女性研究者活躍のための環境整備」（女性研究者のネットワーク構築やメンタリングシステムの構築、保育園、育児休業制度等の改善）と「女性研究者増員のための具体的取組み」（ポジティブ・アクション北大方式による女性教員の採用・昇進促進、女子大学院生による女子中高生の理系進路選択支援の展開）を両輪で実施している。

「ポジティブ・アクション北大方式」は、優れた女性教員を新規に採用した場合、各部局が負担する人件費の2分の1を全学運用人件費から支出する制度である。当初は部局経費の4分の1を総長裁量経費から支出していたが、実績を積み上げていくなかで、全学運用人件費からの支出に切り替えた。これまで事業実施期間中124名（平成26〈2014〉年3月31日まで）の女性教員の新規採用を実現している。

この方式を採用することのメリットは、部局人件費の効果増大につながれることである。増額分の人件費を、各部局の増員や昇任、非常勤講師の任用に活用することができ、男女の性別も問わない。

北大のホームページには、ポジティブ・アクション北大方式を活用して、水産学部・水産科学研究院に25年ぶりに女性教員が2名採用された実際の導入事例が紹介されている。担当の教授は、長く男性中心の分野とさ

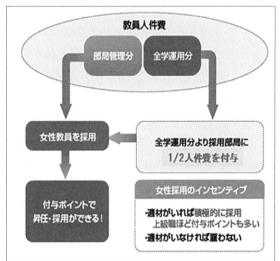

図表Ⅱ-2-1　ポジティブ・アクション北大方式

出所：北海道大学女性研究者支援室ホームページ

れてきた水産学では、女性研究者の活躍の場が限られる状況が続いていたが、海洋学のみならず資源、生物、食糧生産、加工・輸送技術、流通など、多様な分野が有機的にかかわり合う学問であり、生活に密着した総合生活科学であることから多様な人材の参加、なかでも女性の視点や発想が生かされるべきだと考えている。採用された2名のうち1名は同大学院を修了した中国からの留学生であり、性別だけではないダイバーシティの推進にもつながっている。

図表Ⅱ-2-2　東京農工大学の女性研究者養成

出所：東京農工大学女性未来育成機構作成

ポジティブ・アクション北大方式は、「教育・研究者としての資質、公正性、部局の自治を尊重しながら、女性教員採用が効果的・継続的に促進される」ことを意図して行われていることが特徴的である。今後は、新採用だけでなく女性教員の昇任にもポジティブ・アクションを適用することが検討されている。

## 女性研究者の採用に、特任助教の人件費を2年間支給する1プラス1制度

東京農工大学は、早くから女性研究者支援に取り組んでいる。最初に、「女性研究者支援モデル育成」として、育児期の研究継続支援や相談、意識改革事業などを中心にした女性研究者を支援する基盤的な環境整備を整えた。その後、女性研究者の養成と定着を目的とした「女性研究者養成システム改革加速」事業を第2フェーズとして進めてきている。具体的な指標として、女性研究者の常勤採用を加速させ、女性研究者数を増加し、意思決定プロセスに参画する女性を増やすことが目標に掲げられている。

同大学の「農工大式ポジティブ・アクション『1プラス1』」は、常勤の教授、准教授・講師・助教に女性研究者を採用した場合、特任助教1人分の人件費を2年間支給する制度である。プラス採用される特任助教の性別は問われず、また採用された女性教員の職階を基準に特任助教の人件費が支給されるため、より高い職位での女性研究者の採用を促す効果がある。毎年度2名の支給対象を決定している。

また、この取組みを参考にした「1プラス0.5」も行われている。愛媛大学では、愛大式ポジティブ・アクション1プラス0.5」として、数値目標を達成するための積極策として、前任者が男性教員のポスト、あるいは新規ポストに専任女性教員（教授・准教授・講師・助教）を採用した場合、助教人件費の2分の1分を、全学経費から当該学科に期間1年で支給している。支給された経費は、新規採用教員のスタートアップ、非常勤講師の任用などに有効活用できる。

### 学長裁量枠の予算を活用した女性研究者採用

　女性研究者を積極的に採用する取組みは、いざ導入する際には総論賛成・各論反対でハードルが高くなることがよくあると言われる。多くの大学ではこれまで学長裁量枠など特別の予算枠を活用して試験的に女性採用を行うことで、それを乗り越えてきた。取り組んだ大学からは、結果的に優秀な研究者の採用や、通常よりも多くの応募者があったことが成果として報告されている。女性研究者や男女共同参画を推進する際には、組織のトップの決意と行動が達成速度に大きく影響する。特に、これまで女性研究者採用がなされてこなかった大学や部局、極端に女性研究者割合が低い学科等で女性研究者数を増やす実績を挙げるためには、こういった学長裁量枠の活用も方策の1つと言える。

### (2) 女性限定教員公募、同等評価の場合の優先・積極採用

　同等の能力をもつ男女がいた場合に、「前例がない」「女性の場合は出産・育児で辞めるのではないか」「女性の部下よりも男性のほうが使いやすい」などの理由で、男性を採用する判断を採ることは、大学や企業を問わず多くの組織で行われてきた。しかし最近では、公募時に女性限定採用のポジションを用意する大学や、「男女が同等の能力をもっている場合には、女性を採用する」と公募要領に記載する大学も増えている。

　また、女性を最終面接まで候補に残すように各部局に要請することで、男女共同参画の視点に立った採用の趣旨が徹底して実施されるように工夫している大学もある。実際に女性限定公募を実施した大学では、優秀な人材を確保できたという声が多く聞かれる。次にそうした大学の取組みを見ていく。

### 「女性枠設定による教員採用・養成システム」

　九州大学では平成21年度から、優秀な女性研究者を増加させる目標のもと、教員採用に女性枠を設定し、参加部局が一斉に女性限定の国際公募を行って広く応募者を募り、採用候補者と採用部局の取組みを部局間で競争するシステムを導入した。具体的には、複数の部局による採用候補者決定（一次審査）後に、全学の研究審査委員会による審査会（二次審査）を開催する。そこでは、候補者本人の面接と、部局の受け入れ態勢及び男女共同参画の取組みに関する部局長のプレゼンテーションが行われ、両者を総合的に評価して採用者を決定する。

　この方式を採用した結果、優秀な女性研究者の採用に加えて、部局における男女共同参画の取組みを大きく進展させる効果があった。複数の部局間の競争方式となったことで、教授、准教授の採用が一気に進んだ（開始5年間の女性枠採用者40人のうち教授・准教授25人）。また、女性枠採用者の科研費等の競争的研究費の取得状況も大学平均をはるかに超えるなど、著しい変化が見られる。この女性枠採用を契機に女性研究者採用に対する意識が変わり、通常の教員人事においても女性の採用が増加している。

　公募情報には、大学が行っている「出産・育児期支援」「国際学会参加・国際誌投稿支援」「メ

ンター制度」等各制度の説明も記載されている。また、大学の女性研究者支援の取組みとして、「男女共同参画推進室」や「女性研究者キャリア開発センター」のサイトが紹介されている。女性研究者の数が少ないことの大きな理由としてよく挙げられるのは、応募自体が少ないことであるが、このように女性研究者を積極的に支援する取組みを明示する募集要項は、応募者側の精神的ハードルを下げるのに役立つだろう。

## 女性限定公募

女性研究者を支援する加速事業を通じて、多くの大学が女性限定公募を行った。早くに女性限定公募を開始した東京農工大学では、内部の合意を得て公募を始めた当初、外部から多くの質問や異議があったという。しかし、反対意見に対して、一つひとつ丁寧にメールなどで答えていった結果、2回目の公募では異論は出なかった。ほかにも女性限定公募を実施している大学では、「単に女性だから雇用された」という間違ったメッセージを出さないように注意を払いながら、「学術的に教育的に優れた人物を求め」ていることを強く打ち出すことなどに留意している。

女性限定公募の波及効果としては、優秀な女性人材の獲得実績により、それまで女性の応募がほとんどなかった分野に女性の応募があった大学や、工学部などほとんど男性だけで教授会が占められていたところでも、女性教員を積極的に採る機運が働くことである。もちろん、女性が少ない分野で応募者を増やすためには、女性を採用していることを積極的に周知することや、年齢や分野の範囲を広げるなど、募集に伴った工夫や努力が求められる。

**同等の業績評価の場合に、女性を積極的に採用するポジティブ・アクション**

人事選考の際に、業績の評価において同等と認められた場合には、女性を積極的に採用(ポジティブ・アクション)するといった趣旨の一文を募集要項に明記している機関もある。名古屋大学(女性リーダーP1枠の設置による総長管理定員等を用いた国際公募及び育成)では、「名古屋大学は業績(研究業績、教育業績、社会的貢献、人物を含む。)の評価において同等と認められた場合には、女性を積極的に採用」すると記載されている。多くの大学で、圧倒的に女性研究者割合が少ない現状を是正するための制度として導入されている。

出所:九州大学女性教員公募情報ホームページ

### 女性候補者を審査の最終段階まで残すための取組み

　各大学では、採用対象候補リストに女性研究者を残すためにさまざまな工夫を凝らしている。最終的には公平な競争面接をすることになるが、審査前の段階で、研究業績などでは遜色のない女性が候補から落選してしまうことを避けるための取組みである。東京農工大学では、「2次選考は女性未来育成機構の選考委員会が行い、評議委員会で決定」する方式を採用している。

　このように最終段階まで残すことで、実力が伯仲していて男性研究者と甲乙つけがたい女性研究者が1次や2次面接の段階で消えないような取組みを行っている。

## (3) 女性の置かれた状況を勘案した柔軟な採用に関する工夫例

　採用する意思はあるが、候補となる女性が少ないという声も聞かれるなかで、今後女性研究者を増やしていくためには、積極的に女性研究者の応募を促す取組みを実施する必要がある。ここでは、人件費をつけたり、女性限定で公募する場合に比べて、比較的導入しやすく、より緩やかな女性の採用を増やすための取組みについて紹介する。

### 募集分野の条件緩和

　女子学生の数が男子学生よりも少ない領域・分野では、応募する男女比も女性のほうが圧倒的に少なくなる。また、細分化された領域で募集した場合には、該当する女性研究者が見つかる可能性も低い。その解決策として女性研究者の採用に成功している名古屋大学や首都大学東京などでは、募集分野の条件について、領域の条件を緩和したり、複数の部局のポジションの募集を同時に行う取組みが行われている。

### 女性研究者のための公募お知らせメール

　女性研究者の応募を促すために、教員職に関心をもつ女性研究者に事前に登録してもらう方法もある。当該大学の教員ポストに関心をもつ女性研究者に対して、教員公募情報をいち早く知らせるために、公募が公開されるたびにメールで知らせる制度を設けている大学もある。

### 産休育休履歴考慮を明記する

　大学を同時に卒業した男女であっても、出産や産休・育休のタイミングによっては、研究歴が女性のほうが短いために男性研究者に対して不利になることがある。人事公募の要項に、産前産後休暇、育児休業及び介護休業を取得していた場合には、選考の過程でそれを考慮することもできる。

　常勤の任期付教員が申し出た場合、産前・産後の特別休暇、30日以上の育児休業、または連続30日以上の介護休業を取得した期間は、任期に含めないための特例制度を設けている大学もある。

**男女共同参画推進に取り組んでいる旨を明記する**

あらゆる場面で男女共同参画推進に取り組んでいる旨を明示的に表すことも重要である。多くの大学がホームページや募集要項などにそうした一文を加えている。男女共同参画やダイバーシティの推進は、女性研究者支援室や女性研究者に限定した制度だけではなく、あらゆる場面で男女共同参画の視点に立った発信が必要となる。

**女性が応募する際のよくある質問例をホームページに掲載**

女性研究者が応募の際よく受ける質問例をホームページに公開しているところもある。「女性であることや子どもを持っていることが不利にならないでしょうか」や「研究と育児の両立は可能でしょうか」といった質問と一緒に大学の制度や規定等にリンクを貼って、回答している大学もある。

以上のように、わかりやすくかつ女性研究者を求めている大学の姿勢を発信するメッセージや募集段階で女性の出産育児等の事情に配慮をするなどの工夫は、女性研究者の応募のハードルを下げる、応募者を増やすなどの効果をもたらすと考えられる。

## ❸ 女性研究者のキャリア形成のためのさまざまな取組みと工夫

企業や大学を問わず、女性がキャリアを築いていくうえで、就労を継続することは女性研究者が活躍するうえでの大前提となる。研究や教育経験を重ねながら職務を継続することで、研究者として成長し、活躍の幅が広がっていく。大学にはそのために必要な支援を行うことが求められている。特に若手女性研究者がキャリア形成を図るうえでは、同一組織内での成長・昇進に限らない。海外を含めた他機関でのステップアップなど、個々の女性が次の機会につながるために自ら道を切り拓くための支援を充実させる必要がある。

次に、女性研究者のキャリア形成に重要な役割を果たす、(1) メンター制度、(2) ロールモデルを通じた支援、(3) その他のネットワークや研修・支援制度について紹介する。

### (1) メンター制度

企業や行政ではすでに導入されているメンター制度が、女性研究者支援でも効果的な取組みとして多くの大学で実施されている。

メンター制度では、豊富な知識と職業経験を有した先輩（メンター）が、後輩（メンティもしくはプロテジェとも呼ばれる）に対して個別に支援を行う。より豊富な経験を積んでいるメンターが、経験の少ないメンティに対して、キャリアを形成するうえで必要な力を引き出すための支援を行うものである。具体的には、メンタリングといわれる定期的な面談を重ねながら、相互の信頼関係を築いていくことで、メンティが研究や仕事、キャリア形成で直面する悩みや課題の解決策を自ら導き出せるようにサポートする。指示・命令関係ではなく、支援を受ける女性研究者をエンパワーすることを目的としており、コーチングやカウンセリングなどの技法が用いられるこ

とも多い。なかなか相談したりモデルにする人がいない女性研究者にとって、メンター制度は人的ネットワークの広がりや視野の拡大といった効果も報告されている。

「ワーキングウーマン・パワーアップ会議」と日本生産性本部は、平成21（2009）年からメンタリングを推進している組織に対して「メンターアワード」を表彰している。女性が管理職やリーダーとして第一線で活躍するためには、その成長を熱心にサポートし、見守るよき相談相手としてのメンターの存在が重要であること、また、そのような女性の活躍を応援する組織風土の醸成に向けて、メンターによるサポートの意義や重要性を広く普及させていくことを目的にしたものである。初年度は、外資系や日系企業と並んで女性研究者を学内外（企業・高等教育機関）のメンターで支援した神戸大学が表彰されている。

## メンター制度の流れ

メンター制度は、通常各大学で次のような流れで実施されている。東京学芸大学の例を示す。

1. **申込み**
   A　男女共同参画支援室宛にメールで申し込む。
   　　件名に「メンター制度希望」と記入し、本文には①名前、②連絡先メールアドレスと電話番号、③相談希望内容、④だいたいの希望日時（第3希望まで）を記入。メンターについての希望があれば併せて記入する。
   　　折り返しカウンセラーより連絡する。
   B　直接来室して申し込む。
2. **ヒアリング**
   カウンセラーより直接折り返し電話などで、申込み内容を元に詳細なヒアリング・希望日時を確認し、メンター候補者などについて提案する。
3. **マッチング**
   メンティのヒアリングをもとに、カウンセラーがメンティとメンターのマッチングを行い、メンティからメンターへ直接連絡を入れ、メンタリング日時や実施場所を確定する。（初回日時確定まではカウンセラーが加わる。）
4. **メンタリングの実施＆フォローアップ**
   初回メンタリング実施後、カウンセラーから実施の確認などについて連絡を入れる。2回目以降の継続・実施は、メンティとメンターで相談する。

## メンター制度の運用

大学によって、メンター制度の利用者や導入方法は異なる。メンターには同じ大学の教員以外に、企業を含む学外の関係者や海外の研究者など、目的に沿ってさまざまな人々が支援者としてかかわっている。重要な役割を担うメンターに対しては、制度導入時やフォローアップ研修も行

われている。東京学芸大学では教員や卒業生がメンターとして、メンティである教員や学生（学部生・院生）の相談に乗っており、そのための研修に e-learning を活用している。また、非常勤カウンセラーがメンターとメンティのマッチングやフォローアップにもかかわる。名古屋大学では、同大学に5年以上勤務している教員がメンターとなり、着任3年未満の教員に対するメンター活動を行う。その相談内容は教育研究に限らず、育児・介護を含むワーク・ライフ・バランス、キャリア展望やネットワークづくりなど幅広い女性研究者のキャリア形成を見据えた制度として導入されている。運営には男女共同参画室と高等教育研究センターが協力している。多くの大学で女性だけでなく男性もメンターになる場合がある。また、分野が異なるメンターのほうが相談しやすい場合もあるため、文系・理系など幅広い分野のメンターが登録されている。相談内容は研究から個人的な生活やキャリアなど幅広く、領域外のメンターを希望するメンティも多い。一方で、メンターとメンティの相性を見極めてマッチングを行うための工夫も問われる。

　もちろんどこの大学でも、相談しやすさやメンティの希望を聞いたうえで、メンターが決定される。メンティ本人がメンターを指名する場合や、コーディネート担当者がマッチングを行う場合もある。いったんメンタリングが開始してからも相性次第では別のメンターを希望することも可能である。

　学会発表などの活動や就職先も国際的になるなかで、グローバルな視野で研究者として進んでいくための支援も重要である。上智大学では、海外の学術交流協定校等の研究者等がメンターとしてアドバイスや学術指導を行う「グローバル・メンター制度」を導入している。世界で活躍できる人材を育成するために、学生や研究者を対象に、研究内容や進路、キャリア形成をテーマとした個別相談や少人数での相談会を実施している。

　メンター制度を進めている大学で聞かれた課題の1つは、制度を導入しても思ったより利用者数が伸びないことである。この原因には、メンター制度が、まだ日本ではあまり知られておらず、制度について学内で十分に周知されていないことが挙げられる。実際に相談したいことはあっても、なかなか申し込むまでにいかない場合も多い。これに対して、名古屋大学では教員メンタープログラムについてわかりやすく紹介するパンフレットを作成している。あわせて、メンター教員とメンティ教員それぞれを対象に、メンター活動をどのように進めたらよいか解説したガイドラインをホームページで公開しており、具体的に利用方法を提示している。広島大学では、加速事業で採用された新任女性教員には1年目は3人、2年目以降は2名のメンターを配置している。また、助教以上の理系女性教員は、できるだけ全員にメンター候補者としての登録を依頼するほか男性や文系教員にも声をかけるなど全学的に幅広い参加を促している。メンターに対してメンタリングに必要な費用を補助する支援や、スキル向上のための研修や講習会も行っている。

**メンタリングの意義と成果―利用者の声から―**

　東京学芸大学や平成24（2012）年にメンターアワードを受賞した名古屋大学では、メンターやメンティの声をホームページ上に掲載している。以下はその例である。

- 任期付きという身分で、今後のキャリア形成に迷い悩んでいるとき、メンター教員の助言は大きな支えとなりました。信頼できるメンター教員との出会いによって、自分の可能性を心置きなく追求することができました。
- それまで授業を担当した経験がなかったため、メンター教員の授業を見学させてもらいました。資料の作り方、映像の挟み方など、いろいろ刺激をうけました。
- 名大サロンや異分野の教員が集まる研究会などに連れて行ってもらい、メンター教員が5倍10倍に増えたような感じでした。知り合ったベテラン教員が同年代の教員を紹介してくださるので、あっという間に学内に知り合いが増えました。
- 「だれかに相談したことがあまりなく、申請過程で孤独になりがちだった。なので今回相談することができて、とても心強かった」、「……メンタリングを利用したことがきっかけで、人に相談しやすくなりました。先輩に聞くことをもっとすればよかったなと気づいた。それが自分的には改革、一番大きなことだったかもしれません。」

　メンタリングは、若手女性研究者や学生にとって、研究や個人の生活面も含めたキャリア形成に関して、直接の指導者や利害関係者ではない相談相手を得る機会となる。その結果、より高い研究成果を達成していくために役立つ知識や技術、情報やネットワークなどの獲得にもつながる。また、相談を受けるメンター側にとってもファカルティ・ディベロップメント（FD）として学生指導に役立つとともに、若手人材に対する教育・研究指導能力の向上や経験を積む意義がある。

## (2) ロールモデルを通じた支援

　「ロールモデル」とは、行動の規範となる手本や存在といった意味がある。女性がキャリア形成をしていくうえで、また女性が研究者として定着し、就業を継続していくうえで、目指したいと考える研究者としての姿や目標としての指針を示す存在として、ロールモデルが果たす役割は大きい。特に、女性研究者は絶対数が少ないため、行動や研究生活のお手本となる研究者や教授などの上位職に就いている女性が学内など近くにいないことも多い。

　立場や分野の異なる、さまざまなロールモデルとなりうる女性研究者像を提示し、また、そのような人材にアクセスする機会を設けることは研究を目指す女子学生や研究を含めた進路や働き方に悩む女性研究者に対する支援として有用である。

　女性研究者支援に取り組んでいる多くの機関や大学では、ロールモデル事例を、ホームページやウエブブック、リーフレットやパンフレットなどの形でロールモデル集としてまとめている。その内容は、ロールモデルとして取り上げた女性研究者の学生時代、研究生活、家庭と仕事のバランス、大学以外の企業や研究機関でのキャリアについて触れる一方で、女性研究者のキャリア段階に応じた悩みや障害、それを乗り越えるための支援やヒントも示している。ロールモデル集を作成する際には、ロールモデルを通じて何を学びとってもらうかを留意して、ロールモデル事例を提示していく必要がある。

　ロールモデル事例には、なるべく多様な領域や分野、年代の女性を提示することが望ましい。

女性研究者の採用・育成のための取組み 第2章

ロールモデルを参考にする女性研究者が置かれている立場や年齢によって、関心やニーズが異なるからである。分野や領域、年代、活動地域に偏りがないように、多様な研究者を探すのがよい。企業や公務員、研究所など大学以外の道を歩んだ研究者もキャリアの参考になる。女性のパートナーとしての男性研究者側も一緒に取り上げることや、研究者同士もしくは研究者と民間や公務員など異なる職業を持つ夫婦のあり方も参考になる。大学は、積極的にロールモデルとなる人材を探し、その女性ロールモデルに関する情報をホームページや広報誌・冊子等で広く発信することで、多くの女性研究者のキャリア形成に効果的に役立てることができる。

## ロールモデル事例を紹介する際のポイント

　ロールモデルとして提示するためには、実際にモデルに聞く話のポイントが重要となる。大阪府立大学のロールモデル集では、以下のとおりパーソナルヒストリー、ワーク・ライフ・バランス、将来の目標・夢、後輩へのメッセージ、My Favoriteで構成されている。

　「パーソナルヒストリー」は、学生時代と社会人時代に分けて、簡単な年表とともに記される。「学生時代」は、子どものころの興味関心のきっかけや、勉強スタイル、高校や大学の進路の決め方や学生生活について述べられる。「社会人時代」では、研究者として博士課程後期以降の研究生活や研究の進め方、海外留学や海外研究の経験、公募への応募、現在の研究について触れている。それぞれ、転機となる出来事やその際の自分の考え、影響を与えた出来事を紹介する。

　「将来の目標・夢」では、研究やプライベート面、社会への貢献などさまざまな短期や中期、長期的な目標や夢が語られる。

　「後輩へのメッセージ」では、「人生は一度きり、失敗をしてもいいからやってやる、という意気込みで、挑戦しつづけること」、「夢中になれることや物を大切にしてください。勉強や仕事に直接つながらないとしても、ひとつひとつが自分を知る材料になって自信につながり、道が開けてくると思います」、「一度やり始めたことは、ある程度自分で満足するかたちになるまで頑張り

大阪府立大学女性研究者支援センター　ロールモデル集

出所：大阪府立大学女性研究者支援センターホームページ

ましょう。長い人生、必ずどこかで役に立つと思います」など元気づけられるメッセージが送られている。

「Work Life Balance」では、「家事・育児」「仕事」「趣味」「その他」など、時間の配分を円グラフで示すとともに、研究と家事や育児などの時間の使い方とコツについて述べられる。「研究」に没頭している独身の研究者や、子育て中であっても、「家事・育児」の割合と「仕事」の程度はさまざまである。それぞれの研究者がライフイベントの前後で、どのようにワークとライフのバランスが変わり、それにどう対応しているのか、苦労や工夫について知ることができる。

そのほか「研究者の写真」、「My Favorite」、学歴と職歴が紹介されている。写真は、研究中、プライベート、講演中などモデルとなった研究者の生き生きとした姿や人柄が伝わってくるようにさまざまな写真が使われている。「My Favorite」には、愛読書やペット、趣味の写真などが紹介され、ロールモデルに対する親しみやすさを増している。

ロールモデル事例を紹介する際には、それぞれのモデル例に、キャリアの転機及びそのときどきの障害や困難、その乗り越え方や活用した支援などについてしっかり聞きとって示していくことが、読者である未来の研究者に活用してもらうためのポイントである。ロールモデル集に掲載されている事例を実際にシンポジウムやフォーラムの形で啓発事業等に生かすこともできる（コラム⑤大阪府立大学参照）。モデル事例を講演会に招いたり、セミナーやワークショップの教材として活用することもできる。ロールモデルの講師に話をしてもらう際にも、以上のような話のポイントを押さえてもらうことで、研究者のキャリア形成に役立つだろう。

## (3) その他の研究者の育成・養成を目的としたさまざまな工夫と取組み

学生のニーズや組織の人的・財的資源に応じて、女性研究者の育成・養成を目的としたさまざまな工夫を行っている各大学の取組みを次に紹介する。

主に女性研究者を対象に、妊娠・出産や育児・介護期間中の研究支援を行う研究支援員制度は、多くの大学で導入されている（第Ⅱ部第3章参照）。女性研究者の支援員制度は、支援を利用する女性研究者にただサービスを提供するだけではなく、女性研究者が効率的に作業をすることや、部下やチームに指示して研究を進める経験を与えることで女性研究者が効率的・効果的に仕事を進めたり、リーダーシップを養う効果もあると回答した大学もある。一方で、支援員側にとっても、労働の対価を得ることだけでない意味がある。特に、研究分野で働くことを視野に入れている学生や研究者が支援員の仕事を担う場合、先輩研究者の身近で働く経験を積むことは研究実践を積む学問的な意義と、研究と私的生活のバランスについて考える契機にもなる。

### 横のつながり・ネットワーク

学内や領域・部局のマイノリティーである女性研究者は、なかなか同じ女性同士知り合ったり話し合ったりする機会がない。女性研究者同士をつなぐ機会を積極的に学内で設けることで、研究や学事運営、育児や家庭などさまざまな悩みや相談をすることができる。育児中の母親研究者をつなげる取組みは次の第3章で取り上げるが、数少ない研究者のための学内コミュニティづく

りが行われている。

例えば、首都大学東京では先輩女性研究者を囲む「若手女性研究者交流会」を開催し、若手女性研究者同士が出会い、さまざまな悩みを出し合える場をつくっている。芝浦工業大学では、女性教員と女子学生、女子卒業生の「shiba-jo プラチナネットワーク」が形成されている。さらに、工学系大学であるため特に少ない女性教員による月一回の「女性教員の集い」が開催され、女性教員同士の研究紹介、女子学生への研究・教育指導などを話し合う場となっている。オンライン・コミュニティを立ち上げて女性研究者同士の出会いのしくみをつくっている大学も増えている。横のつながりやネットワークを強化することは、女性研究者一人ひとりが悩みや問題を解決する際の力になる。

このほか、サロンやカフェなどといった集まる場を設けたり、シンポジウムなどの合間や後に機会を設けることも、関係者のつながりを深めるとともに、メンター制度等のフォーマルな相談制度とは異なる緩やかな関係性づくりにつながっている。

## グローバルな活躍

研究者として成長するために、国際的に活躍できる領域が増える昨今、海外と日本を行き来したり、国際的な学会での発表など、国際的な経験を積むことは研究者にとってプラスの意味も大きい。しかし、留学したあとの就職や、結婚・子育てなど、留学を考える若手研究者や学生にとっては不安要素も少なくない。首都大学東京では「女性研究者のキャリア形成における海外経験の意義」をテーマにした交流会、上智大学ではグローバル企業と連携したキャリアイベントを開催している。

## 女子留学生向けのセミナー

女性研究者の支援は、日本人研究者だけを対象にするわけではない。ダイバーシティ推進室として外国人や障害者などを対象にした支援を行っている大学や、留学した女性を対象に健康についてのセミナー、出産・育児についてのアドバイスを設けている大学もある。留学生のなかには、結婚して子どもを同伴していたり、日本で出産・育児をする女性もいる。リプロダクティブ・ヘルス／ライツ（性と生殖に関する健康と権利）について、十分な知識や情報をもたない若い女性は出身国を問わず多い。女性がキャリアを考えるうえで、知っておくべき知識や有用な情報を、保健師等の講師を招いて行うことは重要である。首都大学東京では、日本人学生だけではなく、日本語と英語による留学生に向けた女性の健康セミナーを開催しており、学生から好評を得ている。

## スキル研修

女性研究者対象と銘打って、若手の男女を対象としている研修が各大学で行われている。実際には男女を対象としたセミナーであっても特に女性の参加を奨励していることを強調して広報することで、数少ない女性研究者や学生の参加を促進することができる。例えば、首都大学東京では、

「女性研究者活動支援サイト」や「『外部資金獲得のためのノウハウを学ぶ』若手女性研究者支援フォーラム」、大阪府立大学では「外部資金獲得セミナー」、「英語論文執筆セミナー」が行われている。名古屋大学でも「論文採用率を高める科学英語論文の書き方セミナー」「英語プレゼンテーションセミナー」が行われ、女性研究者のスキルアップと学内のネットワークづくりに寄与している。多くの参加を得ている講座が多く、男女問わず研究者の人材養成に役立っている。

### 研究者の評価制度

研究者の業績等を評価する際に、出産・育児を経験している女性研究者の場合、男性研究者と比べて不利な立場に置かれる可能性がある。雇用・評価制度改革として、人事選考及び評価の際に、産前産後休暇、育児休業及び看護休業の期間等を考慮している機関もある。

### 在学女子学生対象の相談

多くの大学が学内に多様な相談体制を整えている。一般のキャリア相談や心の相談のほかに、第Ⅱ部第3章で取り上げられているような育児や両立支援の相談は女性研究者にとって重要な機能を果たしている。

そのほかに、女性研究者を目指す女子学生、若手研究者にとって、研究やキャリアについてのアドバイスや情報は、研究者としての道を進んでいく際の重要なリソースである。多くの女子学生や若手女性研究者が、研究や進学、進路などの進路選択、または人間関係上の悩みを抱えている。周囲に気軽に相談できる友人や同僚がいない場合や、将来のことについて相談にのってくれる同性の先輩と話をする機会を求めていることも多い。

メンター制度よりも比較的アクセスし易い手段として、女子学生・女性教職員専用の相談室の設置や、セミナーなどの開催後にグループ相談の機会を設けたり、または個別相談の機会を提供するなどさまざまな方法がとられている。相談者としては教員、社会人、カウンセラー、ロールモデルなどが考えられるが、女性の卒業生と話す機会を提供している大学もある。同窓会などを窓口として、女子学生が女性の卒業生と話をする機会をつくることで、卒業生側にも大学や後輩とのつながりをもってもらうことができる。

### 女性研究者奨励や研究費助成

女性研究者を対象とした奨励賞は、彼女たちの活動を社会的に評価することで、研究活動を継続・発展させるために効果的である。「ロレアル―ユネスコ女性科学者日本奨励賞」は日本の若手女性科学者が、国内の教育・研究機関で研究活動を継続できるように奨励することを目的に創設された賞として有名である。平成17（2005）年11月に、日本ロレアルが日本ユネスコ国内委員会との協力のもと創設した賞であり、対象者は、物質科学、生命科学の分野で、博士後期課程に在籍または、博士後期課程に進学予定の女性科学者である。原則、それぞれの分野から各2名、計4名が毎年受賞し、賞状と奨学金100万円が贈られる。

「資生堂 女性研究者サイエンスグラント」は指導的研究者を目指す女性を支援する研究助成である。平成19年度に設立され、自然科学分野の幅広い研究テーマ（理工科学系・生命科学系全般）を対象に、毎年10名の女性研究者に対して研究助成を行ってきた。

人文・社会科学系の研究を対象としている賞もある。例えば、住友生命の未来を強くする子育てプロジェクトは、人文・社会科学分野における萌芽的な研究の発展に期待する助成である。育児のため研究の継続が困難となっている、もしくは育児を行いながら研究を続けている女性研究者が、研究環境や生活環境を維持・継続するための助成金を支給している。

大学や学会でも女性研究者を対象とした奨励賞が設置されている。宮崎大学の「女性研究者奨励賞」、京都大学の「たちばな賞」など、各大学が女子学生及び若手女性研究者の部門などを設け、企業とのタイアップによる副賞を設けたり、シンポジウムを開催して受賞及び研究内容を発信することで意識啓発にもつながっている。

## 公募文書における男女共同参画推進についての宣言

公募文書で大学の男女共同参画推進についての積極的姿勢を打ち出すことも効果がある。広島大学では、各部局等の教員、研究員の公募文書の末尾に記載する定型文について、下記のとおりいくつかのパターンを基本型として日本語と英語で用意しており、募集時にはそのなかから選んで掲載する。

---

パターン①／①'
広島大学は、男女共同参画を推進しています。本学は、「男女共同参画社会基本法」の趣旨に則り、業績（研究業績、教育業績、社会的貢献等）及び人物の評価において①同等と認められた場合は／①'優劣をつけがたいと認められた場合は女性を採用します。

Hiroshima University promotes a gender-equal society. In accordance with the legislative intent of the Basic Law for a Gender-Equal Society, our university will hire a female applicant rather than a male applicant when the achievements (including research achievements, academic achievements, societal contribution.etc) and character of both applicants are considered equal.

---

## 女性のための情報ポータルサイト

女性研究者支援や男女共同参画室が立ち上げられた大学では、ウェブサイトや広報誌などによって女性研究者支援にかかわる情報が提供されている。大学が提供するものに限らず、公的機関や地域団体などの提供するセミナーや奨励金など、ウェブ上でアクセスできるものも多い。

女性が少ない大学や研究領域では、物理的な機会をもつことが難しい場合であっても男女共同参画・キャリア・育児などの関連図書を学内で貸出するための図書リストをウェブサイトに掲載

している大学も多い。高知大学では、男女共同参画や育児・介護、ワーク・ライフ・バランス、キャリア支援関連の図書を「しあわせ文庫」として貸し出している。「学内便での貸出」を行うなど、アクセスしやすい環境をつくっている大学もある。国立女性教育会館では、平成22年度から、大学、女性関連施設、公共図書館等を対象に、「男女共同参画」や「女性労働問題」「女性のキャリア形成」「家族問題」「女性への暴力」など、さまざまなテーマにあわせて図書をまとめて貸し出すサービスを実施している。これまでに、全国の大学、高等専門学校、男女共同参画センターなど69機関に利用されている。

## 4 女性研究者の意思決定レベル・上位職登用への工夫

第Ⅰ部第2章で見たように、女性研究者の割合は職位が上がるにつれて大幅に低下していく。女性研究者がキャリアを中断することなく、安定継続して研究を行う地位に就くための支援を行うと同時に、大学組織の意思決定を行う地位や、教授など上位職に昇進・登用される女性研究者を増やしていくことは大きな課題である。

各大学では個々の研究者が上位職に登用されるためのキャリア形成を促進する制度や、上位職で必要となるリーダーシップを養成する制度などを設けることで、より多くの女性研究者が上位職に就くための支援を行っている。

### 優秀な若手女性研究者の確保と育成を目指すウーマン・テニュア・トラック教員制度

優秀な若手研究者の確保と次世代女性研究者の循環型人材育成を目指すテニュア・トラック制度と、ダイバーシティ推進を目指す女性教員の増加の達成の両方をねらう「ウーマン・テニュア・トラック（WTT）制」を平成21年度に構築したのは岡山大学である。

世界レベルの研究業績を生み出し、国際的な研究拠点となることを目的に、優秀な若手女性研究者を国内外から広く公募して、年間3～5人をウーマン・テニュア・トラック教員として採用する制度である。5年間の任期中にテニュア教員として十分な実績を上げれば、常勤教員として採用される。女性教員を採用・育成し、長期的視点で女性研究者を増加させようとする取組みである。

本制度により採用された

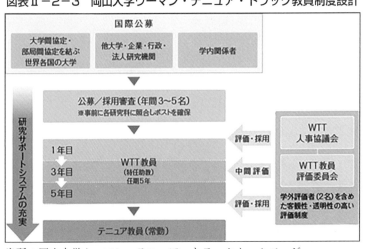

図表Ⅱ-2-3　岡山大学ウーマン・テニュア・トラック教員制度設計

出所：岡山大学ウーマン・テニュア・トラックホームページ

WTT教員には、次世代を担う女性研究者として、それぞれにメンター教員を配置し、さらに、必要に応じて研究支援員を配置するなど、ライフイベントにも配慮したサポート体制を整えている。このねらいは、女性教員がその能力や資質を遺憾なく発揮できる環境をつくることである。

　平成22～26年度の5年間に、16名のWTT教員が採用されている。公募によって採用された教員は、5年間の任期中に、研究・教育業績に基づいた中間評価及びテニュア審査を経て、常勤の教員として採用されることになる。

**ポストアップ制度**

　ポストアップ制度は、教員の人件費ポイントの配分において、学内公募を実施して、全学調整分から助教から准教授への昇任等を支援する制度である。理工農学系学部の女性教員（助教）を対象に行われ、女性教員の積極的な登用の促進につながった。

**両性の意見を意思決定に反映させるしくみに関する提言**

　学内における男女共同参画意識を共有し、女性研究者の過少状態を改善するためには、少数者である女性研究者の意見が反映されるしくみづくりが重要である。

　広島大学男女共同参画委員会は、男女ともに意見を反映させるしくみに関する提言を出している。そのなかで、学内の各種会議において、ワーキンググループ等の下位組織だけでなく、最終意思決定場面に両性が参画し、その意思を反映させることができるように、図表Ⅱ－2－4のように具体的に会議名等を挙げて提案している。

**女性研究者のリーダー育成**

　大学に限らず企業や社会において、女性がリーダーシップを発揮する機会は男性に比べて限ら

**図表Ⅱ－2－4　広島大学の提言において示されている各種会議**

| 設置室等 | 会議名等 |
|---|---|
| 教育・国際室 | 教育・国際室企画会議、大学院課程会議、学士課程会議、教育評価委員会、教養教育会議、学生生活会議、審査会（学生懲戒関係） |
| グローバルキャリアデザインセンター | グローバルキャリアデザインセンター会議 |
| 財務・総務室 | 施設マネジメント会議、人事制度検討会議、ハラスメント対策委員会 |
| ＊各会議等への参画は、各会議規則等に規定されている「必要と認めたもの若干人」の委員とすることも可能 ||
| 上記会議以外にも、短期的に設置されるものも含め、倫理・人事・教育等に関する会議・WGには、両性の意思を反映させる措置を講ずることが望ましい。<br>　また、各研究科長等は、人事選考委員会（特に教授選考の場合）に両性を選考委員として加える措置を講ずることが望ましい。<br>　ただし、女性教員数に限りがあるため、特定の者の負担にならないよう配慮する等、特に必要なものから実現させる必要がある。 ||

出所：「広島大学の男女共同参画2012～平成24年度成果報告書～」

れている。大学のなかでリーダー的役割を果たすために必要な研究活動及び大学運営に携わることを念頭に置いたスキルアップ研修もさまざまな大学で行われている。

　コンサルタントを講師に、「組織におけるリーダーの位置づけ」「リーダーに期待される役割」「大学教員（研究者）の仕事の領域」等に関する講義のあと、日ごろの教育研究活動を通じて受講者が感じている役割認識の具体的事例について意見交換する研修を行った大学もある。

　そこではグループワーク討議において、「女性研究者のリーダーとしての悩み・課題について（リーダーシップ発揮・部下指導等）」をテーマに、実務上のマネジメントとリーダーシップ、異性・同性間のコミュニケーションの取り方、学生指導等共通の課題や疑問、今後の方向性について話し合う時間が設けられた。

　企業などでは幹部や管理職を対象にした研修は必ず行われているが、研究者がこのような研修を受ける機会は限られている。大学組織内で指導的役割を担うためにも、女性研究者を対象にこのような研修を実施することは効果が大きい。女性の学内及び研究におけるリーダーシップスキルの向上に役立つとともに、参加者同士の縦横のネットワークにもつながると考えられる。

### 上層部との交流会　縦のつながり

　女性研究者の数は特に高い職位で少ないため、女性研究者の声が学内の意思決定レベルに十分届かないおそれがある。若手や新任の女性研究者が学長や組織の役員レベルと接する機会をもつことは、女性研究者にとっても学長や役員レベルの男性双方にとってもお互いの立場や状況、ニーズを理解する一助となる。例えば、男女共同参画や女性研究者の活動推進などのテーマでシンポジウムを開催する際に学長などが出席する機会として積極的に企画することは多くの大学で行われている。「役員と女性研究者の意見交換会」を設けている大学や「女性研究者支援協議会」「学長・女性研究者懇談会」などを開催しているところもある。

### 教職員の啓発

　女性教員を増やすダイバーシティに向けた取組みに際し、教員男女を対象にした研修を行うことも重要である。

　芝浦工業大学では、平成26（2014）年5月1日現在、女性教員比率10.5％、学部17学科中7学科に女性教員がいない現状解消に向けて、課題認識を深め、その方策について検討するための率直な意見交換を通じた「女性教員増員よろずお悩み相談ワークショップ」が開催された。平日の夕方の90分間のワークショップには、学長、副学長、男女共同参画推進室長の呼びかけに応じて、学部長や学科主任を含む教員30名が参加した。学長はじめ教学の責任者が開催と参加のキーパーソンとなるワークショップは、男女共同参画を推進するトップからのメッセージを学内に浸透させ、異論や疑問の交換・確認を踏んで納得を深め、対策を前に進める貴重な機会となった。

　このワークショップでは、女性人材の情報収集・応募促進、優秀な人材を得るための大学のアピール、女性教員採用における審査プロセスなどの課題テーマを提示したあと、3グループに分かれ、それぞれのグループで1時間余り、自由に討論を行った。学長や男女共同参画室長と学科

長以下教員が一体となって行うグループ討論を通じて、女性教員の増員という課題の重要性と具体的対応策に関する参加者の認識と浸透が図られた。

## 5 次世代研究人材を育成するための取組み

学生の女性比率が低い分野では女性教員・研究者比率も低いことが統計から明らかになっている（第Ⅰ部第3章参照）。より多くの女子学生が研究職をキャリアとして考えるために、また、女性割合が少ない分野における女子学生志望者を増やしていくための取組みが今後のカギとなる。特に、科学技術系分野の女性研究者を増やすためには、小中高等学校や大学など早期から女子児童・学生がキャリアの選択肢として理系分野を考慮することを促す教育的支援が求められる。本節では未来の女性研究者の卵を育てるために、(1) 大学生や (2) 中学高校生に対して大学が行っている取組みについてコラムを中心に紹介する。

### (1) 大学生を対象とした取組み

大学生に向けて研究職キャリアを奨励するための取組みは、特に理工系分野で進んでいる。多くの大学が学内や他機関と連携して、ロールモデルとなる研究者を招いたセミナーを実施する例は多い。また、授業のなかでも理工系学部のなかで孤立しがちな女子学生を対象にしたプロジェクトを実施している大学もある。大学生自身が高校生以下の次世代の研究人材を育成することに参画する取組みも多い。このような取組みは、大学生にとって自身の研究キャリアについて考えたり成長する機会になっている（コラム⑧東北大学、コラム⑨国立女性教育会館、コラム⑤大阪府立大学参照）。

より多くの女子中学生や女子高校生に理系に関心をもってもらうためには、ロールモデルにもなる女性の理系教員の存在が一層必要となる。

東京学芸大学では、将来女子児童に指導を行う小中学校教諭になる女子学生に対して、より多く理系に関心をもつ女子児童を増やし、裾野を拡大するために、教職課程の学生を対象としたフロンティア科目Cというオムニバス形式の理系の授業を開始した。わかりやすく理系の内容を伝える講義は男子学生にも人気があるという。小中学校の教員は、児童の関心を導き、保護者とも接する重要な立場にある。未来の教員が科学の可能性や楽しさを実感することは、特に理系専攻でない学生だからこそ大変意義がある。

芝浦工業大学では、情報工学、教育社会学、ソフトウェア工学など異なる分野の女性教員による共同研究として、女子学生へのリーダーシップ教育及びものづくりをとおしての女子学生教育の研究が行われ、女子学生による電子工作によるものづくり「Fab Girl Project」が初めて実施された。ねらいは、プロジェクト・ベースド・ラーニングによる女子学生のリーダーシップの養成と少数派である女子学生のみで行うものづくりをとおして、積極的な参加による学びの場を構築することである。このプロジェクトでは、女子学生がある教員の研究支援員をするなかで、その教員がものづくりをとおした教育研究の支援をし、女子学生のグループリーダーとしてコラボ

レーションし、研究成果を女子学生自身が学会発表するまでに至ったという経緯がある。研究者の仕事と出産や育児などのワーク・ライフ・バランスを支援する研究支援員制度は、支援業務のあり方によっては、学生にとっての学びはもちろん活躍の機会にもなっていると言える。

## (2) 中高生を対象とした取組み

大学進学率が高まる一方で、理系文系を問わず、将来の学生志望者を増やすための種まきとして、各地で大学による多様な試みが行われている。理系人材の育成を目的にした高校対象の取組みとしては、文部科学省が平成14年度からスーパーサイエンスハイスクール（略称、SSH）を展開し、大学や行政、企業などが連携して支援を行っている。対象校は限られるが、指定校となった女子高もある。

キャリア形成を見据えた大学紹介を各学校に出向いて行う出前講座や、オープンキャンパス、複数の高校生を大学等に招いて行う合宿形式のセミナーなどの1回限りの講座や、宿泊型、複数回セミナー方式などさまざまな形式の取組みが行われている。大学や企業、海外の機関や地域の行政や団体の協力を得るなど、連携・推進体制は幅広い。多くの事業では、将来のロールモデルを提示し、身近な疑問に答えながら、女子学生に多様な可能性について考える機会を提供する。中高生の進路選択に大きな影響を与える教員や保護者を対象にした事業が併せて行われることもある。

次に、いくつかの大学の取組みを見ていく。なお、コラム⑨で紹介する国立女性教育会館の女子中高生夏の学校は、男女共同参画学協会連絡会（第Ⅰ部第1章コラム②参照）と連携し、多様な学会・研究領域の教員が、大学組織の枠を超えて共催するセミナーである。

東邦大学では、自然科学教育を目的とした高大連携、女子高での出張講義や実験の機会を提供している。上智大学の「女子高校生のためのソフィア実験教室」や大阪府立大学の「子どもサイエンス・キャンパス」（コラム⑤大阪府立大学参照）など、要請に応じて大学から学校や地域の公民館、男女共同参画センターなどに出かける出前講座や「オープンキャンパス」を実施しているところも多い。九州大学では、「中高生への出前講座」を行っている。芝浦工業大学では「父母懇談会」として、女性の将来的なキャリアとして研究職に不安をもつことも多い保護者を対象にした説明会を実施している。

中高生を対象とした取組みの特徴は、①ロールモデルと身近に接する機会をつくること、②キャリアパス例を紹介すること、③本人はもちろん保護者や教員に女子学生の研究職キャリアの可能性について理解を促すこと、④海外の大学や学生と接する機会を設けてグローバルな活躍の場があることを示すこと、⑤参加した学生や教員同士のネットワークを広げることなどを主な目的や成果にして行われている。

### 女子高校生・女子学生の理工系分野選択とロールモデル

第3節で取り上げたロールモデル集は、研究者に限らず、学生が読んで将来について考える契機にも役立つ。研究職を目指す学生がロールモデル集を通じて、身近には出会えない人の人生や

キャリアを知る機会を提供することができる。
　以下に、主に学生向けのロールモデルを紹介するサイトを示す。

**内閣府男女共同参画局　理工チャレンジ　女子高校生・女子学生の理工系分野への選択**

　理工系分野に興味がある女子高生・女子学生が、将来の自分をしっかりイメージして進路選択（チャレンジ）することを応援するために、理工系分野の女性が活躍している大学・企業・行政機関や学術・研究機関等を「リコチャレ応援団体」として、その取組みやイベントを紹介している。全国の大学を紹介するページでは、理工系部門の概要や、女子学生・女子高校生に向けた理工系分野で活躍するメッセージや先輩女性の声を聞くことができる。

出所：内閣府男女共同参画局ホームページ

http://www.gender.go.jp/c-challenge/

**独立行政法人科学技術振興機構「理系女性のきらめく未来」　ロールモデル収録数114件**

　女子学生・生徒の理工系分野への関心・理解を高めるため、本人及びその進路選択に影響力のある保護者や教師も対象にした理系女性研究者等のロールモデル集『理系女性のきらめく未来』を発行している。ホームページでは海外キャリア38件を含む114件の女性研究者・技術者のロールモデル事例を読むことができる。分野は、物理系、数学系、情報科学系、科学系、生物系、医療系、工学系、その他に分かれている。

http://www.jst.go.jp/gender/rolemodel.html

**独立行政法人国立女性教育会館　女性のキャリア形成支援サイト　研究者・技術者**

　女性がさまざまな新しい分野へチャレンジし、生涯にわたり主体的に選択しながらキャリアを形成していくための多様な事例（ロールモデル）を紹介する。「研究者・技術者分野」は、各人のキャリア形成事例がダウンロードでき、学習支援情報や関連情報のリンクも貼られている。

http://winet.nwec.jp/?page_id=145&cid=29

**参考文献**
1　一般社団法人日本経済団体連合会（2014）「女性活躍アクション・プラン」
2　厚生労働省「女性社員の活躍を推進するためのメンター制度導入・ロールモデル普及マニュアル」
3　渡辺三枝子（2009）「女性のキャリア形成支援のあり方―『ロールモデルに関する調査研究』の結果から―」『国立女性教育会館研究ジャーナル』第13号

渡辺　美穂

# 文部科学省における女性研究者支援の取組みと今後について

## 日本における女性研究者の現状

　我が国では、第3期科学技術基本計画（平成18〈2006〉年3月28日閣議決定）から女性研究者の割合に関する数値目標（自然科学系全体で25％〈理学系20％、工学系15％、農学系30％、保健系30％〉）を掲げ、その登用や活躍促進を進めていますが、女性研究者の割合は平成26（2014）年現在で研究者全体の14.6％であり、年々増加傾向にあるものの、欧米の先進国と比べて依然として低い水準にあります。

## 文部科学省における女性研究者支援

　このような状況を受け、文部科学省では、第3期科学技術基本計画またその後の第4期科学技術基本計画（平成23〈2011〉年8月19日閣議決定）（第3期基本計画の数値目標の早期達成及びさらに30％まで高めることを目指す）を踏まえ、平成18年度から「女性研究者支援モデル育成」（現「女性研究者研究活動支援事業」）を、また平成21年度から平成26年度まで「女性研究者養成システム加速」を実施してきました。
　「女性研究者研究活動支援事業」は、女性研究者の研究と出産・育児・介護等のライフイベントとの両立や、研究力の向上を図るための取組みを行う大学等を支援するもので、具体的には、柔軟な勤務体制の確立、研究時間の確保が困難な女性研究者に対する研究支援員の配置、女性研究者の相談体制の整備、機関内の意識改革のための研修会や学生向けのキャリアパスの相談会・セミナー等の開催、女性研究者の上位職への登用等に取り組む場合に、それらにかかる経費を補助するものです。これまで延べ117の大学・研究機関が実施機関として選定され、事業を実施しております（図表⑦-2参照）。
　女性研究者養成システム加速は、女性研究者の採用割合が低い分野（理・工・農学系）

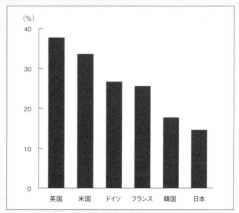

図表⑦-1　主要先進国における女性研究者の割合

出所：「総務省 科学技術研究調査報告」（日本：平成26年時点）、「OECD "Main Science and Technology Indicators"」（英国、ドイツ、フランス：平成23年時点、韓国：平成24年時点）、「NSF Science and Engineering Indicators 2014」（米国：平成22年時点）をもとに文部科学省作成

## 図表⑦-2　女性研究者研究活動支援事業および女性研究者養成システム改革加速選定機関の全国分布

「女性研究者研究活動支援事業」採択機関の全国分布

| 平成18年度 | 平成19年度 | 平成20年度 | 平成21年度 | 平成22年度 | 平成23年度 | 平成24年度 | 平成25年度 (一般型) | 平成25年度 (拠点型) | 平成26年度 | 平成26年度 (連携型) |
|---|---|---|---|---|---|---|---|---|---|---|
| 東京女子医科大学 | 東京大学 | 東京医科歯科大学 | 秋田大学 | 岩手大学 | 名古屋市立大学 | 横浜国立大学 | 室蘭工業大学 | 北海道大学 | 名古屋工業大学 | お茶の水女子大学(芝浦工業大学、(独)物質・材料研究機構 |
| 熊本大学 | (独)森林総合研究所 | 東京工業大学 | (独)農業・食品産業技術総合研究機構 | 徳島大学 | 鹿児島大学 | 福井大学 | 宇都宮大学 | 岩手大学 | 山口大学 | |
| 京都大学 | (独)産業技術総合研究所 | 三重大学 | 筑波大学 | 京都府立医科大学 | 首都大学東京 | 山梨大学 | 群馬大学 | 秋田大学 | 情報・システム研究機構 | 名古屋大学(名古屋市立大学、豊橋技術科学大学) |
| 東京工業大学 | 九州大学 | 富山大学 | (独)農業環境技術研究所 | 愛媛大学 | 奈良県立医科大学 | 滋賀医科大学 | 電気通信大学 | 筑波大学 | 杏林大学 | |
| 日本女子大学 | 大阪大学 | 島根大学 | 佐賀大学 | 大阪府立大学 | 福島県立医科大学 | 京都工芸繊維大学 | 一橋大学 | 東京農工大学 | 明治大学 | 神戸大学(関西学院大学、兵庫県立大学) |
| 東北大学 | (独)物質・材料研究機構 | 日本大学 | 長崎大学 | 関西学院大学 | 東京海洋大学 | 鳥取大学 | 京都府立大学 | 金沢大学 | 京都産業大学 | 徳島大学(香川大学、愛媛大学、高知大学) |
| 早稲田大学 | 名古屋大学 | 東海大学 | 東邦大学 | 弘前大学 | 福岡大学 | 高知大学 | 大阪市立大学 | 静岡大学 | | |
| 奈良女子大学 | 神戸大学 | 宮崎大学 | 東京都市大学 | 岐阜大学 | 東京学芸大学 | 琉球大学 | 兵庫県立大学 | 広島大学 | | |
| お茶の水女子大学 | 千葉大学 | 慶應義塾大学 | 山形大学 | 大分大学 | 順天堂大学 | 東京女子大学 | 福岡女子大学 | 熊本大学 | | |
| 北海道大学 | 広島大学 | 津田塾大学 | 奈良先端科学技術大学院大学 | 香川大学 | 信州大学 | 武庫川女子大学 | 帝京大学 | | | |
| | | | 新潟大学 | 上智大学 | | 国立高等専門学校機構 | 芝浦工業大学 | | | |
| | | | 静岡大学 | 岡山大学 | | | 東京医科大学 | | | |
| | | | 金沢大学 | | | | (独)宇宙航空研究開発機構 | | | |

※平成22年度までは「女性研究者支援モデル育成」として実施
※「女性研究者養成システム改革加速」に採択された機関
　21年度：京都大学、九州大学東京農工大学、東北大学、北海道大学の5機関
　22年度：熊本大学、神戸大学、千葉大学、東京大学、名古屋大学、奈良女子大学、広島大学の7機関

- ● 18年度採択機関
- ● 19年度採択機関
- ○ 20年度採択機関
- ● 21年度採択機関
- ● 22年度採択機関
- ○ 23年度採択機関
- ● 24年度採択機関
- ○ 25年度採択機関
- ● 26年度採択機関

3機関（茨城県：計6機関）
5機関
3機関
7機関（東京都：計29機関）

(備考) 文部科学省資料より作成

出所：文部科学省作成資料

### 図表⑦-3　定年退職以外の理由による女性研究者の機関当たり離職数の推移

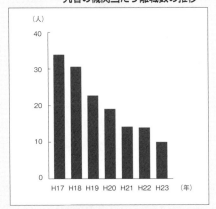

出所：文部科学省「科学技術振興調整費プログラム評価報告」（平成24年12月）

### 図表⑦-4　事業選定機関における女性研究者数の推移（総数）

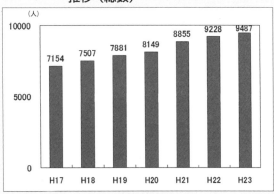

出所：文部科学省「科学技術振興調整費プログラム評価報告」（平成24年12月）

において女性研究者の採用を行うことにより、女性研究者の採用システム、養成システムの構築・改革を目指す大学等を支援するもので、具体的には、優秀な女性研究者を新規採用し養成するための経費（女性研究者の雇用経費、研究費、研究スキルアップ経費、メンター教員への補助経費など）等を補助するものです。これまで、平成21年度に5大学、22年

度に7大学が選定されており、この事業によって構築された女性研究者の採用システム・養成システムは、各大学の女性研究者の増加・研究力の向上に大きく寄与するとともに、他大学・機関にも波及し、取り入れられています。

事業選定機関におけるこれらの事業の成果としては、環境整備、意識改革等の取組みにより女性研究者の離職数が顕著に減少し、女性研究者数の総数が増加していることなどが挙げられます（図表⑦－3、⑦－4参照）。さらに、本事業により研究支援員による研究支援を受けた女性研究者の発表論文数や外部研究資金の獲得状況は、一般男女研究者と比較して著しく高く、女性研究者の活躍が促進され、機関全体の研究活動の活性化につながっています（図表⑦－5、⑦－6参照）。

● 今後の女性研究者支援に向けて ●

女性研究者の登用は、男女共同参画の推進に資するのみならず、研究現場に多様な視点や発想を取り入れ、我が国の研究活動を活性化し、大学や研究機関等の組織としての創造力を向上させるうえでも重要です。女性研究者を取り巻く実態や採用・研究活動の継続等にかかる課題について的確に把握したうえで、より多くの優秀な女性研究者が、出産・育児等と両立しながら研究活動を継続していくとともに、研究力の向上に資する効果的な支援策を講じることが求められているものと考えております。

文部科学省では、これらの事業の成果や、事業に対する現場の研究者の方々からの改善要望等を踏まえ、今後もさらなる研究環境の改善に向けた取組みを支援していきたいと考えているところです。政府では、現在、女性の力の活用や社会参画の促進が日本の強い経済を取り戻すために不可欠との認識に基づき、すべての女性が生き方に自信と誇りをもち、輝けるような国づくりを目指しています。

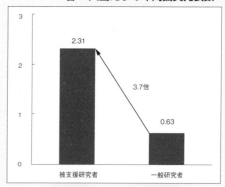

図表⑦－5　研究支援員配置を受けた女性研究者1人当たりの年間論文発表数

出所：文部科学省「科学技術振興調整費プログラム評価報告」（平成24年12月）

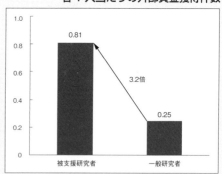

図表⑦－6　研究支援員配置を受けた女性研究者1人当たりの外部資金獲得件数

出所：文部科学省「科学技術振興調整費プログラム評価報告」（平成24年12月）

文部科学省

column ⑧

# 東北大学「サイエンス・エンジェル」の取組み

　東北大学では、次世代の女性研究者育成のために「サイエンス・エンジェル（SA）」活動を行っています。SAは、理系女性研究者が少ない原因の1つであるロールモデル不足の解消、次世代の理系女性研究者の育成のために、希望者を募り東北大学総長が任命する自然科学系の女子大学院生です。SA活動は、平成18年度からの文部科学省「女性研究者支援モデル育成」の一環として始まり、事業が終了した平成21年度からは、東北大学独自の制度として継続しています。これまでの8年間で、延べ300人以上が活動を行ってきました。

サイエンス・エンジェル活動の発端と内容

　事の始まりは、「女性研究者支援モデル育成」に応募するためにつくられたワーキンググループで、理系に進学する女子高校生の割合が高くないこと、さらに理系に進学した女子学生において研究者を育成する大学院博士課程への進学率が半減するといった問題が提起されたことでした。そこで、女性研究者の卵である女子大学院生が、その次の世代を担う小中高校生に科学の魅力を伝えることで女子の理系進学を後押しし、その活動をとおして女子大学院生には研究者としての使命感と責任感を育んでもらえるのではないかと期待して、SA活動が企画されました。これは、女子大学院生と女子生徒との相互交流による「双方向性の次世代支援」とも言える活動です。

　主な活動は、SAが小中高校へ出向き、科学の面白さや研究の楽しさを、自らが行っている研究内容を中心に伝える「出張セミナー」です。これまでに、延べ70校以上で開催しています。このほかに、科学館や博物館、市民センターなどの外部施設と協力して「体験型科学イベント」

図表⑧-1　東北大学サイエンス・エンジェル活動

を行っています。この活動では、科学を身近に感じてもらえるような企画を考え、市民の皆さんとコミュニケーションを図りながら、科学の楽しさを伝えています。市民の皆さんに女性の理系進学を身近に感じてもらうよい機会となっています。また、東北大学が開催している「オープンキャンパス」では、理系進学に興味をもつ女子高校生の進路選択の一助として、講演会とグループトーク、進路相談会を開催しています。現在までに、延べ500人以上の高校生が参加しました。これ以外にも、SA同士の横のつながりを広げるための研修会などの活動や、大学院修了後も、社会で活躍しているOGを中心にOG会「SA輝友会」を結成し、SAとSAOGとの縦のつながりを図る取組みも行っています。

## ● 成果と課題 ●

東北大学独自のユニークな取組みであった「SA活動」も広く知られるようになり、「出張セミナー」「体験型科学イベント」の依頼を常に受けているような状況となっています。平成17年度に16.84％であった東北大学自然科学系の女子学部生の割合は、SA活動を開始した平成18年度からは徐々に上昇しており、平成24年度には21.73％になりました。「出張セミナー」の訪問先の女子高校生が、SAにあこがれて東北大学に入学し、SAとして高校生に対する女性研究者のロールモデルとなるという好循環も生まれています。こうした状況下で、「SA制度」は、平成23（2011）年に第6回「ロレアル―ユネスコ女性科学者日本奨励賞特別賞」を受賞しました。このようにSA活動は、活動範囲が広がるにつれて、その活動が求められている状況にあります。活動を支援する側は、女子大学院生に何をどこまで求めるのか、そして何をどのように支援するのか、といった活動の枠組みをしっかり決める必要があります。多様な活動を個別に行うことが求められているために、教員による支援だけでは限界があります。SA活動を専門に支援する専属の職員を配置しなければ、このような活動を継続することはできません。また、女子大学院生の本分である「学業・研究」と「SA活動」をいかに両立させるのか、についても配慮する必要があります。

東北大学大学院薬学研究科教授

倉田　祥一朗

東北大学サイエンス・エンジェルの取組みについて
詳しくはホームページ　http://www.morihime.tohoku.ac.jp/

column ⑨

# 「女子中高生夏の学校」における女子中高生の理系進路選択支援

　独立行政法人国立女性教育会館（NWEC）では、学校が夏休みとなる8月に主催事業「女子中高生夏の学校」（以下、「夏学」）を開催しています。この事業は、理系の進路に進む女子の割合及び大学等における女性研究者の割合、とりわけ理・工・農学系の研究者の割合が国際的に見ても低いという現状を踏まえ、次代を担う女子中高生に理系への進路選択の魅力を伝えることを趣旨とし、独立行政法人科学技術振興機構（JST）が実施する「女子中高生の理系進路選択支援プログラム」の委託を受けています。平成17年度の第1回から毎年開催しており、平成26年度で10回目の開催となりました。

## ●「夏学」の目的と成果 ●

　「夏学」は、女子中高生が「科学技術に触れる」、科学技術の世界で生き生きと活躍する女性たちと「つながる」、科学技術に関心のある仲間や先輩とともに「将来を考える」ための機会を提供することを目的としています。年間を通しての活動となっていますが、8月に実施する国立女性教育会館での2泊3日の合宿研修が中心となる事業です。合宿研修では、100名を超える女子中高生と身近な支援者である保護者・教員が全国各地から集まり、多様な理系分野で活躍する多くの先輩女性たちと科学技術の楽しさを共有します。研究者・技術者、日本人及び外国人学生TA（ティーチングアシスタント）及び「夏学」の卒業生など、さまざまな人とつながるプログラムを充実させ、すでに理系に進路を定めている女子中高生はもちろん、文理いずれかの進路選択に迷っている女子中高生にも具体的に理系への進路選択の魅力を伝えることを目指しています。

　これまでプログラムを修了したほとんどの女子中高生が理系分野に進学しています。参加した女子中高生が高校を卒業する時期に実施する毎年のアンケートでは、7割近くの女子中高生が「夏学への参加が自

i future〜理系人生を体験しよう〜

第Ⅱ部 〔実践編〕具体的な取組みや実践事例を知る

「i future 〜理系人生を体験しよう〜」での二者択一問題

P12.
初めての講義！
でも大学には決まった座席がない！？
どこに座ろうかな…？

○話しかけやすそうな人の隣
　→P15へ
○端の方の、空いている席…
　→P2へ

P9.
来年は4年生！
研究室決め！
やりたい研究内容は？？

原理をもっと深く理解するための基礎研究　→Fへ
原理を利用して実際の商品を作る応用研究　→Eへ

P32.
就職活動…どんなところで働いてみたい？

間接的ではあるけど大勢の力になれる仕事　→Aへ
直接に人と関わって、その人の力になれる仕事　→Dへ

身の理系進路選択に影響した」と回答しています。

また、平成19年度以降、「夏学」を卒業した中高生が大学生となって「夏学」に戻り、学生企画委員やTAとして企画運営に携わるようになっています。参加者である女子中高生が理系の大学に進み学生TAとなり、その経験をもとに学生企画委員としてかかわり、さらに研究者・技術者や教員等になって企画委員として企画、運営に参画していく、というつながりが生まれてきています。理系女性の長期的観点からの人材育成にもなっており、今後さらにこの循環を成長させていくことがこの事業の重要なテーマとなっています。

● 学生が企画する体験型キャリア・プランニングゲーム ●

2泊3日の合宿研修では、講演会、実験・実習、ポスター展示、グループ活動、座談会など多様なプログラムを用意しています。とりわけ特徴となるのが、理系女子大学生・大学院生の企画による「学生企画」のプログラムです。なかでも「才媛双六（さいえんすごろく）」というサイエンスクイズに答えながら理系女子のキャリアを疑似体験するゲームでは、女子中高生に理系女子の夢やライフプランについて具体的なイメージを抱いてもらえるように、進学、就職や結婚、育児など理系女子特有の悩みや人生にかかわるさまざまな出来事を盛り込んでいます。これまでは双六という紙の上での疑似体験でしたが、平成26年度の「夏学」ではそれをさらに進化させ、「i future 〜理系人生を体験しよう

キャリア講演

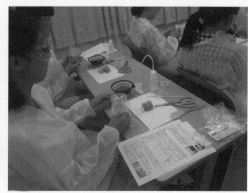

実験・実習

〜」という頭と体を使った新たな疑似体験プログラムを企画しました。具体的には、国立女性教育会館研修棟内の各研修室に、理系大学に進学した人ならだれでもぶつかるような日々の悩みや疑問について二者択一の問いが用意されており、女子中高生はそれぞれの場面ごとにどのように行動するかを選択しながらゴールを目指していく、というものです。ゴールは、選んだ道のりによって異なるタイプが用意されており、自分と同じ選択をしたロールモ

ポスター展示・キャリア相談

デルとなる学生TAと参加者の女子中高生をマッチングする場としました。参加者の女子中高生たちは研修棟内をあちらこちらと動いては、理系大学に進学した場合を想定した学生生活を疑似体験していました。

## ●「夏」だけでは終わらない「夏学」●

「夏学」は8月の合宿研修だけではありません。合宿研修終了時には、参加した女子中高生にサイエンスアンバサダーとして任命書を授与します。アンバサダーたちが、学校や地域に戻ってサイエンスの楽しさや魅力を発信していくことで、さらに広く「夏学」効果

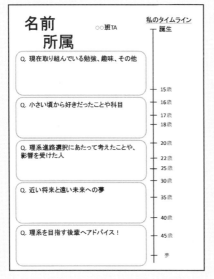

「i future 〜理系人生を体験しよう〜」
ゴールでの学生TAからのメッセージ

「i future 〜理系人生を体験しよう〜」
実施後に女子中高生が作成する自分年表

国際交流

が普及していきます。また、メンターとして研究者・技術者、学生TAが女子中高生からの相談を受ける活動も行い、継続した理系進路選択支援を行っています。さらに年度末には「ロールモデル集」の作成、配付も行っています。これは、主として「夏学」にかかわった研究者・技術者、学生TAに理系人生についてコメントを求め、実際に理系の分野で活躍する多くの「手本」としてまとめたもので、女子中高生がロールモデル集を手に取り、理系の道に進む自分の将来を具体的にイメージすることを期待しています。このように「夏学」は年間を通じて女子中高生の理系進路選択を支援しています。

「女子中高生夏の学校2014～科学・技術・人との出会い～」日程表

| | 8月7日(木) 第一日 | | 8月8日(金) 第二日 | | 8月9日(土) 第三日 | |
|---|---|---|---|---|---|---|
| | 中高生 | 保護者・教員等 | 中高生 | 保護者・教員等 | 中高生 | 保護者・教員等 |
| 13:00 | 開校式 | | | | | |
| 9:00 | | | サイエンスアドベンチャーI「ミニ科学者になろう」・実験、実習 | 実験・実習の参加・見学 | 「一体型実験」 | 夏の学校を振り返る |
| 13:30 / 14:00 / 14:15 | サイエンスアンバサダーI「自分の将来について考えよう」 キャリア講演 ①松村 聡子さん（国立青少年教育振興機構）②風間 頼子さん（日立製作所中央研究所） | | | | | 一体型実験の参加・見学 |
| 11:00 / 11:15 | | | | | 学生企画「夏学振り返りと表彰式」 | |
| 15:45 / 16:00 | 学生企画「サイエンスバトル!?」 | 夏の学校を知る | サイエンスアドベンチャーII「研究者・技術者と話そう」(1)ポスター展示(2)キャリア相談(3)国際交流(4)夏学卒業生Home Coming Day | サイエンスカフェII「ポスター展示・キャリア相談」 | サイエンスアンバサダー任命式 閉校式 | |
| 11:30 / 13:00 | | | | | 12:00 / 12:45 | |
| 17:30 / 19:15 | 学生企画「i future ～理系人生を体験しよう～」 | サイエンスカフェI「日本学術会議、学会、大学、企業等の研究者・技術者との座談会」 | | | | |
| 15:40 / 16:00 | | | 学生企画「Gate Way」 | サイエンスカフェIII「研究者・技術者、大学生、新社会人との座談会」 / サイエンスカフェIII「中学、高校、大学等の教員の連携」 | | |
| 20:45 / 21:00 | 天体観望会(希望者) 国際交流「英語相談所」(希望者) | | | | | |
| 22:00 | | | | | | |
| 17:30 / 19:15 | | | 学生企画「キャリアプランニング」 | サイエンスカフェIV「保護者・教員と留学生との国際交流」 | | |
| 20:45 / 21:00 | | | 研究者・技術者やTAへのキャリア・進学懇談会(希望者) 国際交流「もっと話そう英語」(希望者) | | | |
| 22:00 | | | | | | |

国立女性教育会館事業課専門職員

千装　将志

# 第3章 だれもが働きやすい男女共同参画の環境づくり

- 研究支援員制度はニーズが高いと聞きますが、どのような取組みですか？
- 保育環境の整備の方法は、対象やニーズによってどのような違いがありますか？
- 子どもが病気のときに預ける保育所がなぜ必要なのですか？
- 男性研究者の支援は、男女共同参画の取組みには必要ないのではないですか？
- 職員を対象とした取組みの重要課題は何ですか？

　第3章では、女性研究者を含め、広く学内において男女共同参画を推進し、だれもが仕事と家庭生活を両立しつつ能力を発揮できる職場環境づくりについて取り上げる。

　人口減少や社会の活力の低下といった喫緊の社会課題を解決するための有効な手立てとして、現在、ワーク・ライフ・バランス（仕事と生活の調和）の実現に向けた取組みが、国や自治体、企業等で進められている。個人のライフスタイルに合わせた働き方を選択でき、かつ公正な処遇が確保されるには、既存のしくみや慣習を見直していく必要がある。大学においても、職場全体の、教職員全員を対象とした取組みを進めていくことが求められている。

　第1節ではまず、研究者の仕事と育児・介護等との両立の支援として、研究支援員の配置や医学分野の短時間勤務制度等について取り上げる。第2節では、教職員の子育て支援として有効な取組みである保育環境の整備についての事例を紹介する。第3節では、大学全体で男女共同参画の職場をつくっていくために、取組みの対象を、女性研究者だけでなく男性研究者にも、また教員だけでなく職員にも広げる実践について検討する。男性を対象とした取組みを行う意義や社会的背景、及び職員を対象とした取組みのなかでも特に重要な女性職員の意思決定過程への参画について、また、教職員全体に対象を広げるに当たってのしくみづくりについて述べる。第4節では、これらの取組みを効果的に進めていくための機能として、教職員が関連する情報を得たり相談したりできる窓口機能について取り上げる。

## 1　女性研究者の両立支援

### (1)　研究支援員の配置

　研究支援員制度は、研究者が育児や介護のために十分な研究時間を確保することが困難なときに、業務を補助する人員を配置する制度である。文部科学省の「女性研究者研究活動支援事業」

として女性研究者支援を実施する大学では、どこでも取り組んでいる主要な支援方法である。各大学が補助金事業終了後も実施を継続していることからも、研究支援員の配置が、家庭生活と仕事の両立及び継続就労を支援するための有効な制度として認識され、普及しつつあることがうかがえる。国立女性教育会館の調査では、男女研究者にとって最もニーズの高い支援となっている[1]。

研究支援員制度は、九州大学「研究補助者措置制度（Hand in Hand）」（平成26年度から「研究補助者雇用支援（短期）」に名称変更）、宮崎大学「Athenaリサーチアシスタント制度」、関西学院大学「ピンチヒッター制度」等、その取組みに大学ごとに工夫された名称をつけているところもある（九州大学の両立支援についてはコラム⑩九州大学参照）。東京学芸大学は、「育児・介護支援研究補助員制度」として、申請の理由が育児だけでなく介護も含むことを制度名に表わしている。

どの大学の制度も、基本となるしくみに大きな違いはなく、支援員を必要とする研究者は、応募や申請をし、支援の対象として認められれば、時間や期間に制限のある支援員を配置される。各大学の実情（設置学部、補助金の範囲内で実施しているか否か、予算等）に合わせて、対象となる研究者や支援員の探し方、支援の期間等にはバリエーションがある。

## 支援の対象

理工系女性研究者を対象として開始された制度であるが、ほとんどの大学において支援の対象を広げている。広げる対象には、文系の研究者や男性研究者がある。男性研究者は、本来の女性研究者支援の目的に従って、パートナーが研究者である場合に絞る場合と、研究者全員の両立支援の観点から、パートナーの状況にかかわらず、男性研究者を対象とする場合がある。

また、対象となる理由としては、補助金事業では子育てとの両立支援として開始されたため、現在も子育て支援に絞る大学もあるが、介護も支援の範囲として広げる大学がほとんどである。だれもがライフステージに応じて家庭生活と仕事を両立できる働きやすい環境づくりを行ううえでは、支援の対象や支援の対象となる理由を柔軟に広げていく必要があるだろう。

九州大学では女性研究者の申請理由をさらに広げている。同大学の「研究補助者雇用支援（短期）」では、支援対象を女性研究者に絞り、申請理由により支援を2つのタイプに分けている。1つは「申請締切日時点で妊娠中もしくは支援開始時点で小学校6年生までの子どもを養育する時期にあることにより研究時間の確保が困難であること」及び「配偶者（届出をしないが婚姻関係と同様の事情にある者を含む）、父母、兄弟、子ども等に要介護者、要看病者がいること」などライフイベントにかかわることを理由とし、もう1つは「国や自治体等の審議会等委員及び学協会役員（理事等）の就任に伴う審議会出席等により研究時間の確保が困難であること（原則支援期間内に4件以上の委員等就任もしくは審議会出席等にかかわり4回以上遠方への移動が必要な場合に限る）」としている。育児や介護といった家庭生活上の理由に限らず、研究時間の確保が困難な女性のキャリア形成を支援するために、支援対象を広げた例である。

### 支援員の手配方法と業務内容

　支援員を手配するには、主として女性研究者支援室等の支援の拠点が適任者を探す場合と、制度の利用を希望する研究者自らが見つける場合とがある。支援員の公募は、外部に広く行う大学や、学生・院生に限って行う大学もある。支援員の業務内容についても、研究補助に限る方法や、事務作業等、研究員の希望により決める方法等がある。支援を求める研究者のニーズや、支援の趣旨を考慮し、複数の手配方法を採用して柔軟に対応していくとよいだろう。

　学生・院生から募集する場合には、第2章でも触れた次世代研究人材の育成も兼ねることができる。学生・院生にとっては、身近なロールモデルのもとで、有償で補助作業の経験を積む機会を得ることになる。ただ、特に比較的小規模の大学等では、学内の限られた学生・院生のなかから研究者の求める業務内容に応じることができる人材を手配することが困難な場合もあるだろう。学内に適任者がいない場合には、この制度の第1の目的が支援を必要とする各々の研究者の両立支援であることを優先し、地域の職業紹介関連機関を活用して公募する等、手配方法を広げていくことも大切である。

　京都府立医科大学では、同大学の医学部生及び地域の複数の大学に募集を依頼し、学生・院生を支援員にしている。同大学の医学部学生にとっては将来における自分の研究を考えるよい機会となり、また他大学から支援員を採用することにより、地域の大学とのつながりをつくるきっかけともなっている。

### 支援員の配置期間

　支援員を配置する期間は、予算に応じて、半年や1年を単位としている場合が多い。支援を希望する研究員の募集は、半年や1年に一度実施する場合や、随時受け付ける場合がある。支援員の勤務時間や条件は、学内の規定に準じる必要がある。

### (2) 女性研究者や女性医師のキャリア継続支援

　前述した研究支援員の配置以外に、女性の研究者や医師がキャリアを継続できるように支援する短時間勤務制度やその他のしくみについて紹介する。

### 医学分野の短時間勤務制度

　女性のキャリア継続支援として、医学分野の出産・育児・介護期の短時間勤務制度は特徴的である。一般に大学病院の臨床では長時間労働が常態化していることが多いため、女性が出産・育児・介護等をしながら正規雇用で働くことが困難な状況になっている。多くの女性が医学の道を目指しながらも、就労を継続できずにやむを得ず離職するのは、大学にとっても大きな損失である。そのような状況を改善するために、各大学では、女性医師や研究者が一定期間、短時間勤務ができるようにし、就労継続を支援する取組みを行っている。

　東邦大学では、子育てや介護等の理由により、それまでと同様の勤務内容では就労を続けるこ

とが困難な医師のための短縮勤務として、「准修練医制度」を設けている。制度の対象は、同大学のレジデント、シニアレジデント、大学院生、もしくは過去に同大学に研修歴ないし勤務歴があり再度修練を希望する医師としている。利用期間は原則1年とし、10年を限度として更新できる。週3.5日勤務のうち1日は自宅勤務可能。准修練医が再度レジデントまたはシニアレジデントに応募する場合は、准修練医としての勤務歴の2分の1を修練期間として算定する。

京都府立医科大学でも、研究者の短時間勤務「フューチャー・ステップ研究員制度」及び専攻医の短時間勤務「特定専攻医制度」を設けている。フューチャー・ステップ研究員は、同大学の教員、専攻医、大学院生等を対象とし、週28時間以内を雇用時間とするもの、特定専攻医は、原則週20時間の勤務時間となっている。

獨協医科大学では、女性医師を対象に、子どもが小学校低学年まで、専任教員やレジデント（後期研修）の身分を保有したまま週20時間の短時間勤務ができる「育児短時間勤務制度」を設けている。この制度により、短時間勤務の期間も正規雇用のまま就労を継続することができる。

## その他の両立支援

### 教員の夜間授業担当の免除

東京学芸大学では、小学校3年生に達するまでの子どもがいて、子育てに従事する男女教員から申し出があった場合には、夜間の6、7限の大学院の授業を行う非常勤講師が配置される。

### 自宅等と職場をつなぐシステムの導入

京都府立医科大学では、インターネットを使った「テレビ会議システム（Vidyo）」を導入している。利用希望者が、同大学男女共同推進センターのホームページからTV会議室を予約すれば、会議室と自宅や研究室、出張先、外部メンバー等が場所を問わず会議に参加することができる。

奈良先端科学技術大学院大学では、妊娠中の研究者が放射線・化学薬品を使用する実験指導、実験結果の観測を遠隔で行う遠隔実験支援システムを導入し、在宅のまま研究等に携わることができるユビキタス研究教育用ネットワーク環境を整備している。

## 2 保育環境の整備

女性の就労継続を支援するための環境づくりの一環として、保育環境の整備は大切である。地域によっては、保育所入所の待機児童数が多く、希望するように子どもを預けて仕事に復帰することが難しい場合がある。特に、非常勤の教職員や留学生、大学院生等、保育を必要とするが認可保育所の入所の選考基準において優位でない立場にある女性にとっては、学内保育所があることは心強い。また、大学ごとの学部の性格に合わせ、延長保育や夕食の提供、24時間保育、病児・病後児保育等の支援を提供し、安心して子どもを預け、仕事ができる環境を整えることは、出産・子育て期の女性の離職や退学を防ぐ有効な手段となり得るだろう。

国立大学の保育所の整備状況を見ると、国立大学86大学のうち、保育所または保育施設・設

備を有する大学は58大学である（平成25〈2013〉年5月1日現在）。そのうち、学内保育所（室）及び連携保育所（室）を有する大学は48大学81カ所、授乳室等、保育施設・設備を有する大学は29大学66カ所である（国立大学協会『国立大学における男女共同参画推進の実施に関する第10回追跡調査報告書』）。男女共同参画推進の取組みを積極的に行っている大学のなかには、それらの取組みの発端が、医学部や看護学部を中心とした子育て中の女性教職員による保育所設置（未就学児保育や病児・病後児保育）に向けた地道な活動であるところが複数ある。現在は、さらにさまざまな学部の教職員や学生へとニーズが広がっている。

　後述するように、最近では男性が子育てに積極的にかかわる家庭も増えている。父親が自身の職場にある保育所へ子どもを預け、送迎を担当すれば、共働きの妻の育児の負担を軽くすることもできる。男性の利用も促進していくとよいだろう。

　地域の実情や大学の学部構成等によって、どのような保育を整備するのがよいかはさまざまであると考えられる。常時子どもを預けるニーズは少ない場合でも、必要な時のみ保育の提供を望む声は多い場合もある。まずは学内アンケート調査を実施して、教職員の細かいニーズを探ったり、自治体の担当者に地域の保育所事情等をヒアリングするとよいだろう。

　ここでは、大学に設置されている保育所の事例を①未就学児対象の一般保育、②病児・病後児保育、③就学児対象の学童保育の3つに分け、保育の内容や工夫、比較的取り組みやすい支援方法等について紹介する。

## (1)　未就学児対象の保育

### 学内に保育所を設置する場合の認可・無認可の長所／短所

　未就学児対象の一般保育所の設置は、待機児童の多い地域や、年度途中からの入所が困難な地域等で特に必要性が高い。また、大学に設置する学部によって、夕方以降や休日の保育等、地域の認可保育所では対応できないニーズがある場合もあり、そのような場合には、柔軟な保育を提供することが女性の就労継続を支援することにつながるといえる。

　未就学児対象の一般保育としては、自治体の認可を受けた保育所を設置している大学と、無認可の保育所を設置している大学、その両方を併設している大学がある。無認可保育所の場合、多くはNPOや企業等、民間に委託している。

　認可の有無により、大学や子どもを預ける保護者にとっての利点が異なる。次の表に、学内に設置する保育所について、認可の有無別の標準的な長所・短所をまとめた。認可・無認可それぞれに長所・短所があるため、予算や利用ニーズに合わせて選定していく必要がある。

### 保育所運営の工夫

　各大学では、設置学部の実情や教職員のニーズに応じた支援が行えるよう保育内容を工夫している。ここでは、名古屋大学と宮崎大学の保育所を紹介する。

認可の有無別　保育所の長所・短所（大学内に保育所を設置する場合）

| | 長　所 | 短　所 |
|---|---|---|
| 認可保育所 | ・自治体が運営資金を負担するため大学が負担する経費が比較的安い<br>・保育料は世帯ごとの所得税額によるため、所得の少ない希望者（大学院生等）が利用しやすい<br>・地域貢献の一環として、地域住民に施設を提供できる | ・大学関係者以外の希望者も利用するため、大学関係者のために十分な枠を提供できない可能性がある<br>・開所時間等の保育基準は公立保育所に準じるため、柔軟なサービスを提供できない場合がある |
| 無認可保育所 | ・保育を必要とする大学関係者のために定員枠すべてを確保できる<br>・委託先の事業所を大学が選定するため、大学の理念に沿った保育所運営を目指すことができる<br>・大学関係者のニーズに合わせて基本開所時間や延長保育時間を長くする等の柔軟なサービスを提供できる | ・運営資金は、保育料収入により主に事業者が賄うため、保育料が比較的高い |

### 栄養士が常駐し、必要に応じて夕食も提供

名古屋大学には、東山キャンパスに「こすもす保育園」（平成18〈2006〉年開園、常時保育〈定員60名〉・一時保育・病後児保育〈3名〉）及び学童保育所「ポピンズアフタースクール」（本章②(3) 参照）、医学部・大学病院のある鶴舞キャンパスに「あすなろ保育園」（平成21年開園、常時保育〈定員73名〉・一時保育〈5名〉・病児保育〈2名〉）がある。

このうち「こすもす保育園」には、栄養士2名が調理担当として勤務している。保育時間は7：30〜21：00（基本保育時間は8：00〜19：00）で、迎えの遅い児童には夕食も提供している（当日の依頼にも対応）。看護師も1名勤務しており、病後児保育がないときは、主に園児の健康管理を行っている。保育業務は業者に委託しているが、運営は「こすもす保育園運営協議会」の協議に基づき大学が行う。この協議会は、男女共同参画推進専門委員会委員、男女共同参画室室員、教育学または心理学を専攻する教員、国際交流業務に従事する教員、施設計画業務に従事する教員、嘱託医、本部の課長またはそれに準ずる者等から構成されている。

### 週2回24時間保育を実施

宮崎大学の学内にある「くすの木保育園」は、女性医師や看護師の定職率向上と人材確保を目的として、平成19(2007)年に設置された。保育定員は32名。利用対象者は大学に勤務する職員（非常勤職員含む）及び大学院生が養育する生後8週間〜未就学児。年少からは学外の認可保育所等に移る子どもが多く、待機児童が多い0〜2歳児の重要な受け皿になっている。保育士は9名で、うち園長を含む3名が常勤。月によって児童数に変動があるため、児童数・年齢に応じたシフト

により職員数を増減している。

月極の保育のほか、一時預かり及び病後児保育（定員3名）も行う。病後児保育を提供しているため、パートタイムの看護師が3名おり、病後児がいないときにも常時2名が勤務して、保育や健康管理に当たっている。保育時間は月・水・金・土曜日は7:00～18:00（19:00まで延長可）、火・木曜日の週2回は24時間の開所。24時間保育は現在、看護師が利用している。

## 取り組みやすい保育の支援

保育所の設置は、当事者である出産・育児期の女性からのニーズは高い一方、学内設置場所の確保や設置に要する費用等の面から、すぐには取り組むことが困難な場合もある。そこで、保育所を常時設置する以外の方法で保育の支援をする工夫について、いくつか例を挙げる。

各大学では、一時的に保育が必要な場合の保育場所や、妊娠中・産後に1人になれる場所等、女性（あるいは男性保護者）が安心して利用できる空間を確保し提供している。女性割合の低い職場であればなおさら、産前産後にこのような場所があることは、女性が働き続けるうえで精神的な支えになるだろう。これらはもちろん、保育所の運営と併用し、利用者により多くの選択肢を提供するために実施することもできる。

### 保育スペースの提供

学校法人関西学院の男女共同参画推進本部では、理工学部本館にある部屋を、保育を必要とする男女教職員・学生・訪問者に提供している。保育者は各自で手配する。理工学部所属の教職員・学生が利用する場合は、保育料の一部を理工学部が負担している。部屋は産後の休養や搾乳にも利用できる。同大学理工学部ではまた、「女性専用仮眠室」も提供しており、深夜に及ぶ実験や論文締切り前の追込み時期等に安心して休息できるスペースをつくっている。

### 授乳室・搾乳室等の提供

宮崎大学では、男女共同参画推進室内に、育児中の女性が利用できる「搾乳スペース」と妊娠

宮崎大学　女性用休憩スペースと搾乳スペース

中のつわりで気分がすぐれない場合や勤務中の体調不良時等に利用できる「女性用休憩スペース」を設けている。東京学芸大学では、学内の保育所に「授乳室」を設けている。

### 休祝日等の一時保育

休祝日の授業や入試時期等、保育所で通常の保育が提供されない特定の日に大学業務のある場合には、大学が保育サービスを手配、提供しているところもある。関西学院大学では、休祝日の授業の際には学内でスペースを用意し、大学が保育業者に依頼して保育サービスを提供している。

新潟大学　五十嵐プレイルーム

新潟大学では、休祝日の保育を利用したい研究者に対して、研修を受けた学生が学内のプレイルームで保育を行う「新大シッターの保育制度」を実施している。新大シッターになるためには、全学科目「大学生のための役に立つ育児学」（1単位）の受講が必修となっており、受講者のうち新大シッター希望者は、「保育の基本技術と衛生管理」及び非常時対応の演習、その後、新潟市の一時預かり保育施設で研修を行い、学長から認定証が授与される。認定は平成20年度から開始され、平成25年度までの認定者数は181名、平成26年度には約100名の新大シッターが有償ボランティアとして活動している。

学生による子どもの一時保育は、香川大学でも行われている。同大学男女共同参画推進室では、「香大っこサポーター」と呼ばれる学生が、短時間の一時保育や、大学入試センター試験時等の教職員が休日出勤する際の託児、小学生を対象にした夏季開催の児童サマースクール（短期学童保育）、学内の学会時の託児、大学のイベントに参加する子どもたちの支援等、多岐にわたる活動を行っている。香大っこサポーターの養成は、休日出勤時の託児を担当する民間の託児ボランティア団体との協働で行っており、託児に関する基礎知識の習得や託児の体験学習の際には、地域住民が乳幼児を連れて大学に足を運び、学生に体験の機会を提供している。平成25年度には33名の学生が登録しており、保育の依頼があったときに、男女共同参画推進室からメーリングリスト等で案内が送られる。

### 保育サービス利用料金の補助

特定の対象や条件について、保育料を補助する取組みを行う大学もある。お茶の水女子大学では、学内保育施設を利用する学部生、大学院生を対象に、月額32,500円を上限として保育料の半額を授与する「育児支援奨学金」を設けている。東京学芸大学では、0歳から小学校3年生までの子どもをもつ教職員（男女、常勤以外を含む）に対して、病後児保育サービスを利用する料金を、1世帯につき1日最大3,000円、1年度内最大15,000円まで補助する「病後児保育利用補助制度」を実施している。東北大学は、全部局の教員、技術職員、PD、博士学生を対象に、研究、講義、出張時のベビーシッター等利用料の補助を上限100,000円まで補助している。

## (2) 病児・病後児保育

　子どもの発熱やインフルエンザ等の感染症は、3歳未満の時期に多い。発熱や感染症にかかったときは一般の保育所には預けることができず、また預けても1日の途中で保育所から連絡が入り、仕事を中断して迎えに行かなくてはならないことも多い。頻繁に発熱する乳幼児もおり、そうした日が重なると、仕事と子育てとの両立に悩み、就労継続をあきらめる女性も少なくない。産休・育休明けから1～2年の短いこの期間の支援をすることが、女性の就労継続の大きな支えになるといえる。

　就労中断の大きな要因となり得るこのような子どもが一時的に病気になった際の支援として、複数の大学では、病児保育・病後児保育を提供している。研究者や教職員の両立支援としてのここでの病児保育とは、子どもが発熱したり、感染症にかかって通常保育に預けられない場合に、看護師や保育士等が保育と看護を行うことを言う。感染症の子どもを預かるには、一般には陰圧装置を備えた別室を設置する。病後児保育では、通常、病気の回復期や感染症以外の発熱等の症状の子どもを預かっている。看護師や保育士、医師等が連携しながら子どもの生活を見守るため、家庭で過ごすよりもむしろ安心できる環境のもとで保育が行われている。

　病児・病後児保育室は、医学部のある大学に設置されている場合が多い。この背景の1つには、附属病院や医師との連携が取りやすいことがある。もう1つには、病児・病後児保育室が、時間的制約の多い女性医師や看護師の就労継続を主な目的として設置されてきた経緯がある。取組みが定着するにつれ、各大学では、全教職員や学生等に利用の対象を広げている。今後は、これらの大学が地域の核となり、地域の大学の利用を受け入れるしくみをつくる等、発展させていくことも大切である。また、医学部がなくても、学内アンケート調査等でニーズがあることがわかれば、後に述べる北海道大学「さんりんしゃ」の事例のように、地域において病児・病後児保育の実績のある団体と連携し、取組みを進めることを検討するとよいだろう。

　以下、いくつかの取組みについて、特色を示しながら紹介する。

### 隔離室を備え、小児科と連携した病児保育室

　東邦大学は、女性の社会的貢献や経済的自立を目指して創設された帝国女子医学専門学校、薬学専門学校、理学専門学校を前身としている。同大学では、女性医師・研究者支援及び男女共同参画を推進するための環境整備の一環として、平成22（2010）年1月に「病児保育室ひまわり」を開設した。

　それ以前も学内に保育所はあったが、多くの女性医師や看護師、研究者は、子どもが病気になった際には預けられず困難を感じていた。そこで、平成21（2009）年に文部科学省「女性研究者支援モデル育成」に採択されたことをきっかけに、学内のニー

東邦大学　病児保育室ひまわり

第Ⅱ部　〔実践編〕具体的な取組みや実践事例を知る

図表Ⅱ-3-1　東邦大学病児保育室ひまわり　平成25年度利用児の年齢構成（延べ人数）

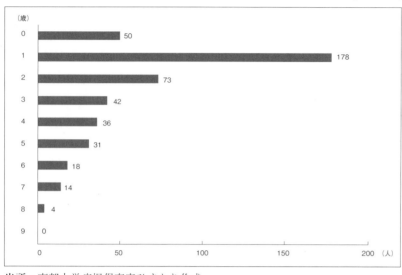

出所：東邦大学病児保育室ひまわり作成

ズ調査や病児保育室についての情報収集を行った。そして、子どもを預ける場合の利便性と緊急時には迅速な対応をするために、病院と同じ敷地にある看護師寮の部屋を改修して病児保育室を設置した。施設には、ウイルス性の感染症の病児受け入れを可能にするために陰圧の隔離室をつくり、併せて相談室兼搾乳室もつくった。定員は5名。全学の教職員を利用対象とし、生後4カ月〜小学校3年生までの子どもを預かる。保育時間は月〜金曜日の8：15〜17：30。スタッフは、看護師2名、保育士4名でシフトしている。平成25年度は延べ446名の利用があった。利用児の年齢構成は、図表Ⅱ-3-1のとおりである。この図表からは、未就学児、特に1歳児の利用が多いことがわかる。

京都府立医科大学でも、平成22（2010）年に「女性研究者支援モデル育成」に採択されたことをきっかけとして、平成23（2011）年7月に学内調査でもニーズの高かった病児保育室を開設、モデル事業終了後も継続して運営している。定員は5名、利用対象は、教職員の生後6カ月〜小学校6年生までの子どもとしている。利用時間は、月〜金曜日の7：45〜17：30。小児科医が室長、副室長を務めるほか、スタッフは、保育士3名が早出・遅出の2人体制で勤務する。このほかに地域スタッフ9名が登録しており、当日の予約状況を早出の保育士が確認し、その日の利用者数に合わせて対応できるように体制を調整している。また、小児医療センターと連携しており、外来の看護師が午前中に保育室の様子を見に来る。保育室の利用者がいない日には、保育士が外来を訪れサポートを行い、相互に協力している。平成25年度の登録研究者は102名、登録児数154名、利用児数は延べ463名である。

両大学とも、大学病院の栄養部や業者が、月齢や病状に合わせた昼食を用意している。そして、小児科とも連携しながら、安心で効率的な保育を行っている。

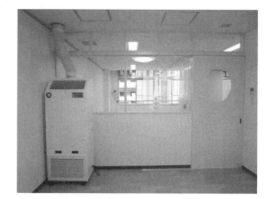

京都府立医科大学病児保育室こがも
専用ドア、陰圧装置のある隔離室

だれもが働きやすい男女共同参画の環境づくり 第3章

## 医学部有志によるボランティア運営から開始した病後児保育

　東北大学では、全国に先駆けて男女共同参画推進に取り組んできており、病後児保育の運営は、平成13（2001）年2月から医学部教室員会会員がボランティアで開始した。医学部教室員会は、教室の枠を超えて医師や研究者の問題を解決する組織として機能しており、ここで女性医師や看護師が継続して就労できる環境づくりの必要性が挙げられ、運営開始の2年ほど前よりアンケート調査の実施や情報収集を行った。教室員会が病院長に協力を仰ぎ、宮城県女医会、東北大学医師会、看護部同窓会等からの寄付金等によって5年間運営を継続した。

　平成18（2006）年には、文部科学省「女性研究者支援モデル育成」に採択され、この取組みを「杜の都女性科学者ハードリング支援事業」の3つの柱の1つである「環境整備事業」として位置づけた。利用者の枠も全学の教職員・学生に広げ、大学病院総務課が所管する病後児保育施設「星の子ルーム」として運営されるようになった。

　「星の子ルーム」は、大学病院外来診療棟の5階にある。定員は6名で生後6カ月～小学校3年生を対象とする。保育時間は月～金曜日の7：30～18：00。看護師2名、保育士2名が勤務している。医師は診察、投薬はしないが、午後の空いた時間にスタッフの相談に乗ったり、子どもの様子を見たりしに訪れる。予約制で、利用する際には事前に医療機関を受診し、「かかりつけ医連絡票」の提出が必要だが、大学病院小児科外来で事前診察を受けることもできる。

　平成25年度保育実績は、利用総数450名（1日平均1.84名）。保育室が設置されている星陵地区（医療系）352名（78.2％）の利用者が最も多いが、他の4つのキャンパスのすべてからも利用されている（川内地区〈文系〉7.1％、青葉山地区〈理・工・薬〉6.0％、片平地区〈本部・工学系研究所〉5.8％、雨宮地区〈農〉2.9％）。

## 通常の保育に病後児保育を併設

　先述した宮崎大学や名古屋大学は、一般の保育所で病後児保育を提供している。双方とも、通常保育とは別に、定員3名の枠がある。感染症専用の隔離室はないが、病後児保育のための専用の部屋を有している。看護師の資格をもったスタッフが常駐し、病後児の健康状態を見ながら日中を過ごす。病後児がいない日には、通常保育の子どもの健康管理に加えて保育士と同じ役割を務めているため、日々異なる病後児対応の有無によって看護師の勤務体制を調整することなくシフトを割り振ることができる。

## 実績のある民間団体と連携した自宅保育

　北海道大学の女性研究者支援室では、平成20（2008）年より札幌市内の病児・病後児保育の実績をもつ団体「NPO北海道子育て支援ワーカーズ」に委託し、女性教職員を対象に、利用者の自宅で病児・病後児を保育する制度「さんりんしゃ」を開始した。利用時間は平日・土曜日の7：30～20：00。事前登録と打ち合わせをして利用。利用の際は、原則として事前受診が必要だが、診察を保育者に依頼することも可能。また、急な発熱等により保育所から呼び出しがあった場合の迎えとその後の自宅での保育にも対応する。

## (3) 就学児対象の保育（学童保育）

　就労を継続するに当たっては、子どもが小学校に入学したあとも、安全に放課後や長期休暇を過ごせる場所が不可欠である。入学前に保育所を利用していた家庭に加え、入学を機に再び働きはじめる保護者もいるため、学童保育の待機児童は近年、増加傾向にあり、保育所の待機児童と同様、大きな課題となっている。希望しても学童保育に入ることができず、就労をあきらめざるを得ないケースも多数発生している。また、公立の学童保育では、閉室時間が未就学児の保育所より早い場合も多く、小学校入学を機とする共働き家庭が直面するこれらの問題は、「小１の壁」とも称されている。

　常時の学童保育所は、以下のように、名古屋大学が民間企業の運営により開設している。この他に、夏休み等の学校の長期休暇期間中の開設は、多くの国立大学で試みられている。

### 全国初の大学内学童保育所

　名古屋大学では、平成21（2009）年９月に全国初の大学内学童保育所として、「ポピンズアフタースクール」を東山キャンパスの「こすもす保育園」２階に開園した（開園のために増築）。利用対象は、小学生の子どもをもつ教職員（常勤・非常勤）・学生・研究生等。開所時間は、月～金曜日８：00（小学校終業時）～19：00（土曜日も対応可）、延長は、朝は７：30から、夕方は21：00まで。迎えが遅くなる場合には、夕食（ケータリング）やシャワーも利用できる。

　保育所が小学校の敷地外にある場合、小学校から学童保育所までの子どもだけの移動が課題の１つであるが、ここでは、委託した「子育てタクシー」が子どもの通う複数の小学校を巡回し、子どもを学童保育所へ送る。「子育てタクシー」とは、一般社団法人全国子育てタクシー協会が主催する子育てタクシードライバー養成講座課程を修了したドライバーが専門に乗務するタクシーであり、子どもの送迎や親子の外出、陣痛時の送迎等を安心して依頼することができる。加盟するタクシー会社は全国に広がっている。

　各小学校の毎月のスケジュールを事前に把握してピックアップの予定を立て、１日にタクシー約４台を稼働する。タクシードライバーは、放課後に子どもが待機しているトワイライトスクール（市立の学童保育所）で子どもをピックアップするが、引き渡しの際には、トワイライトスクールへ事前に伝えておいたドライバーの写真と氏名を照合する。子どもの学童保育所への入退室の安全管理にも気を配っており、子どもは入退室の際にカードのバーコードを照らし、保護者の携帯電話やパソコンにメールで知らせが入るようになっている。

### 長期休業期間中の学童保育

　夏休み等の長期休暇中の学童保育のニーズは、通常の保育より高い場合が多く、複数の国立大学で実施している。

　例として、岡山大学では、市内公立小学校の長期休業期間中（春休み・夏休み・冬休み）の平日に、教職員、学生の児童（小学校１～６年生）を対象に（定員に空きがあれば学外の児童も受け入れ

る)、「かいのき児童クラブ」を開設している。保育時間は7:30～19:00、保育児童定員は最大60名。ダイバーシティ推進本部次世代育成支援室が管理運営し、外部委託している。保育料は、夏休

岡山大学　かいのき児童クラブ

み期間30,000円（学外者36,000円）、冬休み期間5,500円（学外者6,500円）、春休み期間10,000円（学外者13,000円）となっている。

　広島大学も、長期休業期間中に学童保育を開設している。東広島キャンパスの保育時間は、平日の8:00～19:00、保育児童定員は20名程度。保育料は、児童1名につき1日1,000円となっており、この保育料で賄えない費用は大学が負担している。学童への指導は「学童指導員（教員免許または保育士免許を取得済みの大学院生）」が中心となって担当し、学童指導員の補助として「学童サポーター（教職課程を履修している学生）」が勤務している。この取組みは、仕事と子育ての両立支援のみならず、教員志望の学生への教育支援にもつながっている。

## 3　男性や職員への取組み対象の拡大

　大学において男女共同参画を推進するに当たっては、女性研究者だけでなく、男性研究者や事務職員、学生等、大学に所属するさまざまな対象を視野に入れて取組みを進めていかなければならない。喫緊の政策課題として、現在は女性研究者への支援に焦点が当てられているが、取組みの対象をさらに広げて、だれもが自分の能力を十分に発揮して働ける、あるいは学べる環境を築いていくことが大切である。取組み対象を拡大して職場環境全体を変えていくことによって、学内の意識醸成が促され、結果的に女性研究者への支援もより効果的に行えることにつながるだろう。

　学ぶための環境づくりについては第Ⅱ部第2章や第4章で取り上げるが、本節では、働く場としての男女共同参画の環境づくりにかかわる現状と課題について、①男性、②職員、③全般的なしくみづくりの3つに分けて述べる。家庭生活と仕事との両立支援に関して、現在では、子育てに加え、介護との両立支援も重要課題となってきており、この背景については、①に含めて検討する。

# 第Ⅱ部 〔実践編〕具体的な取組みや実践事例を知る

## (1) 多様化する男性のライフスタイルへの対応

### 取組みの対象を男性に広げる意義と背景

　ワーク・ライフ・バランスにかかわる制度等を利用できる対象を、男性教職員に広げることには、2つの側面からの意義がある。1つ目に、仕事と家庭生活との両立を女性だけの問題とすることを前提とした制度や風土を変えていくことが、女性の意思決定過程への参画や男女共同参画の推進に欠かせないためである。2つ目は、男性の多様化するライフスタイルへの対応である。仕事と育児や介護を両立しながら生活したい、あるいはせざるを得ない男性も徐々に増えている。男性が仕事だけでなく、子育て等に積極的にかかわることは、心身の健康維持や充足感の向上といった、生活をより豊かにする効果も期待できる。また、今後は、多様化するライフスタイルに合わせて柔軟に職場環境を整えていくことが、優秀な人材を確保する有効な手段となってくるだろう。

　これらの側面に関連して、労働の実態等を少し詳しく見ていこう。

　図表Ⅱ－3－2は、科学技術系専門職に対して、1週間当たりの勤務時間（在職場時間）を尋ねた結果を示している。この調査では、回答者男性の36.6％、女性の27.2％は週60時間以上働いており、長時間働く人の割合が、男女ともかなり高いことがわかる。この割合は、週10時間前後の勤務時間の回答者も含んだものであり、正規雇用者のなかで長時間働いている人の割合は、

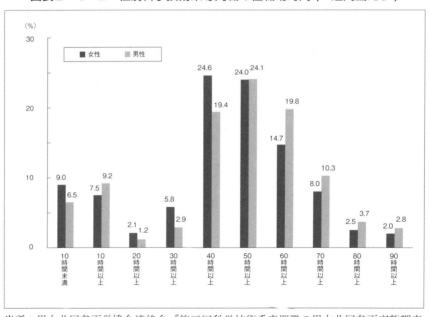

図表Ⅱ－3－2　性別科学技術系専門職の在職場時間（1週間当たり）

出所：男女共同参画学協会連絡会『第三回科学技術系専門職の男女共同参画実態調査解析報告書』平成25年8月より作成

さらに高いと考えられる[(2)]。

　研究者の労働は、裁量労働制の場合が多く、個人の事情に合わせて、勤務時間を比較的自由に調整することはできる。その一方で、特に理工系の研究では、昼夜を問わない継続的な実験が必要であったり、チーム体制を組んでの研究の場合もあり、自分だけ短時間で仕事を切り上げることが困難であったり、短時間の仕事では十分な業績が挙げられないことを危惧して、家庭生活には時間を割けないといったことが考えられる。この調査結果からは、理工系研究者の職場においては、長時間労働が慣習となっていることがうかがえる。

　先述の研究支援員制度は、子育てや介護等、さまざまな事情がある研究者のための制度であり、利用のニーズも高い。しかし、ワーク・ライフ・バランスが実現できていない職場環境を基礎として、つまり、女性だけが子育てや介護等の役割を担うことを前提として、既存の「男性社会」の風土を変えずに、時間的な制約がある人へ支援員を配置するだけでは、限られた変化しかもたらさない。今後の男女共同参画の推進に向けては、男性も含めた、学内全体の働き方についての意識やしくみを変えていくことが必要である。

　今後、男性の働き方に大きな変化をもたらすことが予測されている課題に介護がある。要介護者や認知症高齢者の増加、また共働きや生涯未婚率の増加に伴い、「介護は嫁の役割」といった役割分担は消滅しつつある。依然として女性が介護者となる場合は多いものの、男性介護者も増えており、働き盛りの男性が離職せざるを得ないケースも多くなっている。平成22（2010）年の調査によると、要介護者を同居して介護している人のうち、男性介護者は30.6％となっている。また、平成22（2010）年10月～平成24（2012）年9月の1年間に、介護・看護により離転職した人は10万人を超え（約101,000人）、うち男性は約2割となっている（総務省統計局『平成24年就業構造基本調査結果の概要』）。平成27（2015）年には、全国民の4人に1人が65歳以上となり、今後は、育児よりもむしろ介護の支援を必要とする教職員が増えてくることが予想される。

　仕事と家庭生活の両立支援は、このように、女性のためだけに必要なものではなくなっている。また、健康状態が「良くない」人の割合は、週60時間以上働いている人が最も高い割合であるという調査結果も出ている[(3)]。長時間労働を職場の慣習として支援のしくみを整えるのではなく、男女ともに家庭生活とのバランスを取り、心身の健康を維持しながら働き、多様な人材がそれぞれに能力を十分に発揮できるような環境をつくっていく必要があろう。

## 男性を対象とした取組み

　本章において紹介している研究支援員制度やその他の両立支援制度は、女性研究者に絞った取組みから、男性へと利用対象を広げ、利用目的も、育児だけでなく介護を加える大学が多い。実際に、男性利用者や介護を理由として制度を利用するケースも増えている。

　男性を対象とした取組みは、関連する制度等を整えるとともに、まずは、制度を利用しやすい体制や風土をつくっていくことが重要である。男性が育児や介護に積極的にかかわりたいと考えたとき、あるいはかかわらざるを得なくなったときのための両立支援のしくみについて、周知を徹底させる必要がある。また、上司の理解浸透や制度の利用促進等、男性のワーク・ライフ・バ

ランスの実現に向けた職場の風土づくりに力を入れていくことが大切である。

　制度の周知や意識醸成、風土づくりのためには、ホームページや冊子等の媒体を使って情報発信をしたり、学内全体のキャンペーンや上層部対象のセミナー等を実施していくとよいだろう。男女共同参画の推進拠点のホームページ等には、男性が制度等を利用できることを明記し、それらの制度の内容をわかりやすく提示する。また、女性を対象とした支援と同様に、東海大学の事例のようなロールモデルの提示は、効果的な手法の１つである（コラム⑪東海大学参照）。ロールモデルを提示する際には、学内の理解を得る過程や家族との関係、時間の使い方等、多くの当事者にとって課題となり得る事柄について、乗り越え方や工夫等をわかりやすく記載すると、これから子育てや介護をする男性にとって参考になる。また、男女共同参画の視点から見て、そのロールモデルが、家族や大学、地域等とのかかわりについてどのように考え、行動しているかを示すことも大切である。

　男性を対象とした取組みは、政府や自治体、企業等の取組みに多くの蓄積がある（例として章末のURL参照）。またNPO法人も、行政や企業等と連携しつつ活発に活動している（コラム⑫ファザーリング・ジャパン参照）。学内の制度づくりや理解促進等のヒントとなる情報を収集するとよいだろう。

## (2) 女性職員の意思決定過程への参画

　男女共同参画の推進の取組みを職員へ広げるに当たっての最も重要な課題は、女性職員の意思決定過程への参画、つまり女性職員の管理職への登用であろう。国立大学を対象とした調査を見ると、事務系職員の女性管理職比率はかなり低い（図表Ⅱ－３－３）。平成25（2013）年５月１日現在、事務系職員の割合は、全体では37.7％、「主任等」は53.8％と半数だが、「係長、専門職員等」「課長補佐、専門職等」「課長相当職以上」と役職が上がるにつれて割合が少なくなり、「課長相当職以上」は5.9％である。この数値は、民間企業（100名以上）における課長相当以上の女性職員率7.5％、都道府県における本庁課長相当職以上の女性職員率6.8％、市区町村における本庁課長相当職以上の女性職員率12.0％のいずれより低い（内閣府男女共同参画局「平成25年女性の政策・方針決定参画状況調べ」）。

図表Ⅱ－３－３　性、職名別事務系職員数（国立大学）

|  | 課長相当職以上 | 課長補佐、専門職等 | 係長、専門職員等 | 主任等 | その他一般職 | 計 |
|---|---|---|---|---|---|---|
| 女　性 | 142 | 311 | 2,015 | 2,344 | 4,629 | 9,441 |
| 男　性 | 2,250 | 2,001 | 5,381 | 2,010 | 3,950 | 15,592 |
| 計 | 2,392 | 2,312 | 7,396 | 4,354 | 8,579 | 25,033 |
| 女性比率（％） | 5.9 | 13.5 | 27.2 | 53.8 | 54.0 | 37.7 |

出所：国立大学協会教育・研究委員会男女共同参画小委員会『国立大学における男女共同参画推進の実施に関する第10回追跡調査報告書』（平成26年１月10日）より作成

大学における男女共同参画の取組みとしては、女性研究者支援の重要性が認知されつつあるのに対して、女性職員への支援についてはその必要性が言われることはあまりない。職員を対象とした取組みは、男女職員へのワーク・ライフ・バランスにかかわる支援だけでなく、女性職員の管理職登用とそのための人材育成をしっかりと進めていかなくてはならない。

　教育研究支援、外部資金の調達、産学官連携、地域・社会貢献、国際化、経営機能強化の必要性等、職員の業務は高度化・多様化しており、SD（Staff Development）の取組みの重要性が言われているところである（吉武 2014、勝平他 2013、山本 2010）。職員の資質向上が大学にとって不可欠であるからこそ、今まで十分でなかった、職員の約半数を占める女性の能力開発に力を入れ、管理職に登用し、意思決定過程に新たな視点を取り込んでいくことは、組織運営にとっても有効である。

　男性を対象とした取組みと同様、女性職員の人材育成・管理職への登用は、民間企業に多くの先行事例がある。それらの事例や政府の取組みが掲載されているURLを、例として章末に示した。

　大学における職員にかかわる男女共同参画推進の取組みは、現状ではワーク・ライフ・バランス推進のための取組みが主となっており、女性職員の意思決定過程への参画にかかわる積極的な取組みはほとんど行われていないようである。そのなかで、早稲田大学では、平成26年度の男女共同参画推進委員会の「事業計画」において、「女性専任教員比率の向上」についての記述の次に、女性職員にかかわる以下のような内容を記載している。

〔　〕は平成26年度の実施決定事項

**2　女性専任職員及び女性管理職の増員**
(1) 管理職向け研修を開催し、女性管理職比率が低い要因やその改善方法などについての意識を高める。
・本学の専任職員809人中、女性は184人でその比率は22.7％であり、わずかに減少している。また、全管理職186人中、女性の管理職は部長・副部長級5人（2.9％）、課長級13人（7.0％）であり（2013年6月1日現在）、女性職員比率は他大学に比して低く、指導的立場への女性の登用が遅れている。このような現状を改善すべく人事部に、女性職員比率と女性管理職の数値目標設定を促し、その実現のための工程表、研修の見直しを促す。
・人事考課を担当する立場の管理職を対象とした研修や意見交換会を行う。さらに、男性専任職員のワーク・ライフ・バランスを含めた問題意識を高めることなどを目的として、開催した講演会・シンポジウムなどの模様を収録したものをオンデマンド配信する。
〔→平成26年度より管理職向けの「ダイバーシティマネジメント研修」の実施が決定〕

(2) 女性管理職比率が低迷する原因をとりまとめ、比率を改善する。
・女性管理職比率が低迷する理由（辞退、家事・育児・看護等）は何なのか、人事部と

> のヒアリングを継続し、課題を明確にする。
> ・女性管理職の増員のために女性管理職と女性一般職との懇談会を開催し、ニーズの把握とエンパワーメントの課題の把握、研修方法の開発に努める。
> 〔→平成26年度より女性職員向けの「ライフタイム・キャリア研修」「産休・育休前セミナー」「職場復帰後セミナー」を順次実施していくことが決定〕

　取組みに当たって、まずは、早稲田大学の事業計画にあるように、女性管理職の比率が低い背景について探るために、男性管理職や人事担当者、女性職員への聞き取り調査等を実施して分析を行うとよいだろう。要因の分析結果にもよるが、取組み事項としては、女性幹部職員候補を対象とした研修・交流会（力量形成、ロールモデルの提示、両立の不安の解消等）や、男性管理職を対象とした研修（男女共同参画についての意識の醸成、女性職員の意思決定過程への参画の意義についての理解、具体的な方策等）の開催、両立支援の制度の見直し等が考えられる。

　職員数について、性別職員数を公表している大学は多いが、性別管理職数（率）を公表しているところは少ない。数値目標を立て、進捗や成果を「見える化」することも有効である。また、正規職員以外の非正規・非常勤職員等は、女性の割合が高い場合が多いと考えられるが、生産性の高い組織運営のためにも、能力に応じた公正な処遇や能力開発の機会の提供等に十分配慮していく必要があろう。

## (3) だれもが働きやすい男女共同参画のしくみづくりに向けて

### 体制づくり

　文部科学省「女性研究者研究活動支援事業」に取り組んだ大学では、採択期間終了後に大学の自己資金で事業を継続するに当たり、取組みの対象を女性研究者から男性や職員へ広げ、学内のだれもが働きやすいしくみづくりを目指すところが多くある。その際には、推進拠点の位置づけや人員の配置等、組織体制を再点検し、より実効性のある体制をつくることを検討している。その取組み例として、関西学院大学の組織体制を新たにした取組みを挙げる。

**組織体制を変更し、学校法人全体での取組みへ**

　関西学院大学では、平成22～24年度に「女性研究者支援モデル育成」として「Mastery for Serviceに基づく女性研究者支援」を実施し、採択期間終了後は、職員等関西学院全体へ取組みを広げることを視野に入れ、幼稚園から大学院までを擁する学校法人に組織を移行した（図表Ⅱ－3－4）。採択期間中は、大学の学長直下に副学長を本部長とする「男女共同参画推進本部」を置き、実施組織「男女共同参画推進支援室」を設置していた。初年度は、理工学部教員を中心に本部を組織したが、翌年度には文系4学部からそれぞれ1名の教員、計4名を増員し取組みを全学に拡大した。

　採択期間終了後は、学校法人関西学院理事会の下に、常任理事を本部長とする「男女共同参画

推進本部」を移行した。支援室は廃止したが、事務局は総務部人事課が担当し、子育て支援等と併せて、人事制度の一環として定着させることを目指した。この本部の位置づけの移行により、幼稚園から大学まで異動のある職員や、大学以外の教員も対象とされ、男女共同参画を推進していくための基盤となる体制がつくられた。新たな推進体制で取組みを継続するに当たり、平成25年度には、「男女共同参画の広がりを目指して」と題するフォーラムを開催し、パネ

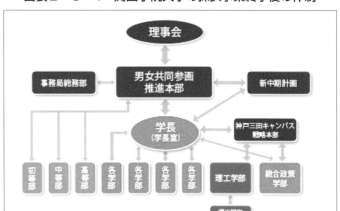

図表Ⅱ-3-4 関西学院大学の採択事業終了後の体制

出所：関西学院男女共同参画推進本部ホームページ

ルディスカッションのパネリストに女性職員（教務機構事務部次長）を含め、意思決定過程にかかわる女性を増やすための方策について議論する場を設けた。

## 制度や取組みの普及に向けて

　以上に見てきたように、子育てや介護等の家庭生活と仕事が両立できるような環境整備は、今後は女性教職員の支援としてだけでなく、男性教職員の人材の確保、離職防止のためにも必要となるだろう。男女とも、ライフイベントに合わせて育児や介護の支援制度を利用しつつ、個人の能力を十分に発揮できるようなしくみを整えていかなくてはならない。ワーク・ライフ・バランスの普及に向けた取組みは、学内のだれにとっても他人事ではなく、全教職員のためのものである。全学での取組みに際しては、総務・人事等の担当者や、男女共同参画室、女性研究者支援室等が連携し、制度の策定や整備を行うとともに、周知に向けた広報、意識啓発等を工夫しながら進めていくことが大切であろう。

　次世代育成支援対策推進法[4]に基づき、企業等の事業主（常時雇用する従業員が101以上の企業）は、期間雇用者等を含む全従業員の仕事と子育ての両立を図るために「一般事業主行動計画」を策定し、都道府県労働局へ届出を行うことが義務づけられている（100人以下の企業は努力義務）。この行動計画に定めた目標を達成する等の一定の要件を満たして申請すると、「子育てサポート企業」として厚生労働大臣（都道府県労働局長へ委任）の認定（くるみんマーク）を受けることができる[5]。大学における男女共同参画の取組みの対象を全教職員に広げていく一環として、多くの大学では、この「くるみんマーク」を取得している。「くるみんマーク」を取得し、両立支援に積極的に取り組んでいることを学内外へアピールすることによって、取組みの周知や地域におけるイメージアップを期待することができる。

　以下に、その他の全学に向けたキャンペーン等による意識醸成の例をいくつか挙げる。

### 「9時-5時体制」の推進

お茶の水女子大学では、効率よく仕事を行い、ワーク・ライフ・バランスを実現するライフスタイルへの移行に向けて全学で取り組んでいる。公式会議は17時15分までに終了するほか、毎週木曜日を定時帰宅日に設定し、昼休みに全学放送でアナウンスしている。また、学長の呼びかけで「業務改善アクションプラン2007」と「業務改善アイデアコンテスト」等を実施してきた。教職員の9時-5時体制の実施状況については、毎年、「雇用環境整備と研究者支援に関する全学調査」を実施し、効果を測っている。

### 「子育て応援バッジ・シール」の配布

宮崎大学では、子育て中の教職員が自信をもって職務を遂行できる環境を整備するためには、働きながら子育てにかかわることへの理解を幅広く促すことが不可欠と考え、希望する教職員に「子育てバッジ・シール」「子育て応援バッジ・シール」を配布している。育児中の当事者だけでなく、当事者を取り巻く周囲の教職員にも「応援団」としてのバッジ・シールを作成・配布し、学内の意識醸成を図っている。平成25（2014）年4月現在、バッジ・シールを合わせた配布数はママ用が375個、パパ用が229個、応援団用が1,049個となっている。

宮崎大学子育てバッジ・シール

ピンク（育児中の女性用）・黄色（育児中の男性用）・緑（育児応援用）の3色
出所：宮崎大学清花アテナ男女共同参画推進室ホームページ

### 地域連携による男女共同参画社会づくりへの貢献

自治体が中心となって推進している男女共同参画や子育て支援のネットワークに加入し、全学の取組みであることを学内外へアピールするとともに、男女共同参画推進に向けた地域づくりのために地域連携を行う大学もある。広島大学は、「広島県仕事と家庭の両立支援企業」へ登録され、「広島県イクメン企業同盟ひろしま」に加盟している。また、大阪府立大学は、「男女いきいき元気宣言事業者（大阪府）」「さかい子育て応援団（堺市）」に登録している。

## 4 情報提供・相談の窓口機能の充実

教員、職員、学生等、さまざまな立場、職務、勤務形態の学内関係者、また地域や地域を超えたネットワーク等の連携協力者、関係者等を有機的につなげ、女性教職員の支援と男女共同参画を進めていくには、第Ⅱ部第1章において述べた「拠点」が、それら関係者が必要とする情報を適切に提供したり、さまざまな相談を受け止める総合的な窓口機能を果たすことが大切だろう。特に、女性のキャリア形成にかかわる個別の相談には丁寧な対応が望まれ、男女共同参画を推進する拠点が、気軽に訪れることのできる場、相談しやすい場、相談すると適切な情報が得られる場になるよう工夫が必要である。

女性のキャリア形成にかかわる相談にはさまざまな側面があり、例えば、育児・介護にかかわる学内外の制度やサービスについてや、キャリアプランニング、キャリア形成に際しての家族関係、ハラスメント（セクシュアル・ハラスメント、アカデミック・ハラスメント等）、心身の不調等、多岐にわたる。ハラスメントや健康に関しては、別の専用の相談窓口がある大学も多いが、それらの専用窓口に行き着く複数の入り口があることも大切である。拠点のスタッフは、受ける相談を、収集した情報を提供するもの、適切な学内外協力者・関係者につなぐもの、傾聴して解決策を探っていくもの、学内外の他の窓口を案内するもの等に整理して考え、対応する。

　また、今後は、男性教職員や男子学生にとっても足を運びやすい、相談しやすい工夫を考えていくことが必要である。学内では一般に、男性教職員が気軽に育児や介護について語ったり、相談したりする機会や場は、女性よりも限られている。男性への相談に適切に対応することが、結果的に女性教職員支援や男女共同参画の大学づくり、社会づくりにつながることになる。

　ここでは、集いの場づくりと相談窓口の事例を紹介する。

### 男女共同参画推進の拠点における集いの場づくり

　獨協医科大学病院女性医師支援センターには、集いのサロン「クローバー」を併設している。サロンには、授乳室や子どもが遊ぶスペースを確保し、学内ネットワークにつないだパソコンを設置、子どもを見守りながらデスクワークができる環境を整えている。また、当センターが作成した妊娠・出産・育児・介護に関する規程集『ワークライフガイドブック』、育児に関する情報、キャリア支援や男女共同参画に関する情報などを自由に閲覧できるように掲示している。ロールモデルの話をとおしてキャリア形成について考える「クローバー交流会」や、大学病院内で夕方から実施される会議・研修会等へ参加する際に保育を提供する「イブニングシッターサービス」も、このサロンで行われている。

　拠点における集う場づくりについては、九州大学コラムにも詳しい（コラム⑩）。

### 育児・介護等の相談窓口「コンシェルジュ・デスク」

　秋田大学の男女共同参画推進室では、教職員の育児・介護等をサポートする相談窓口を「コンシェルジュ・デスク」とし、電話とメールにて相談を受け付けている。支援概要は、①研究・勤務関連相談、②育児・介護の相談、③育児・介護施設の情報の収集とコーディネート、④各委員会、部局とのコーディネートとなっている。ホームページから地域の子育て及び介護に関する基本的な情報を提供するほか、両立支援の講座（コロコニトーキング）や相談員のための講座を開催している。平成26年度には、「平成26年度第1回コロコニトーキング～人とのつながりが支える介護・仕事～」（介護に関心のある全教職員対象）、「平成26年度第2回コロコニトーキング～仕事と育児の両立を支える、人と人とのつながり～」（育児休業中、育児休業取得予定、育児に関心のある教職員対象）、さらに、秋田地域で設立したネットワーク組織を対象に含めた「平成26年度コンシェルジュ・デスク相談員研修会：相談の受け方講座」（秋田大学教職員及び女性研究者支援コンソーシアムあきた参画機関の女性研究者対象）を実施した。

## 女性のための相談窓口

大阪府立大学の女性研究者支援センターでは、「女性のための相談」を実施している。相談の種類は3つあり、1つは、仕事や研究の継続を支援する「支援センター相談」であり、同センターのコーディネーターが担当する。随時受け付けしており、同センターの事務所がない2つのキャンパスでは毎月1回、11:00～14:00 の希望する時間に出張受付を行っている。2つ目は、「女性の健康相談」で、助産師が担当する。3つのキャンパスで毎月1回、11:00～14:00 の希望する時間に行っている（要事前申し込み）。相談日の昼休みには、月ごとにテーマを決めて「健康相談ミニ・セミナー」を開き、気軽に相談ができるようなきっかけづくりをしている（予約不要）。最後は、研究者の課題解決や問題解決を支援する「メンター相談」で、「支援センター相談」を窓口として、相談内容に応じたメンターを紹介する。メンターは、大阪府立大学の教員のうち、各研究科から推薦、または女性研究者支援センター長が依頼した人であり、平成26年度は30名が登録している。

大阪府立大学「女性のための相談」（平成26年12月の例）

## 注

(1) 国立大学86大学の研究者4,940名を対象に質問紙調査を実施（平成24〈2012〉年9〜10月）。回収率55.4％（2,736部）（国立女性教育会館 2013）。

(2) 政府によるワーク・ライフ・バランスの実現に向けた取組みとしては、週労働時間60時間以上の雇用者の割合の削減が、重要事項の1つとなっている（総務省『ワーク・ライフ・バランスの推進に関する政策評価書』平成25〈2013〉年6月）。ちなみに、総務省「就業構造基本調査」から算出した平成24（2014）年の正規職員・従業員のうち週60時間以上働いている人は、男性16.9％、女性7.6％である（内閣府男女共同参画局『男女共同参画白書平成26年版』）。本文図Ⅱ－3－2に示される調査結果は、男女ともこの割合よりもかなり高くなっている。

(3) 平成23年社会生活基本調査・総務省統計局「社会生活基本調査ミニトピックス」参照（http://www.stat.go.jp/data/shakai/mtopics/pdf/mt01.pdf）。

(4) 次世代育成支援対策推進法は、平成27（2015）年3月31日までの時限立法であったが、平成26（2014）年4月に改正法が成立し、有効期限が平成37（2025）年3月31日まで10年間延長された。

(5) 平成27（2015）年4月1日の改正法の施行に伴い、「くるみん認定」基準が見直されるとともに、「プラチナくるみん（特例）認定」制度が開始される。「一般事業主行動計画」策定のよりどころとなる「行動計画策定指針」も、法改正や認定基準の改正・創設等を受けて改正される。新たな指針では、男性の子育てに関する制度の利用促進に係る取組みや、働き方・休み方の見直しに資する取組みを進めることが、重要事項の1つとなっている。


**参考文献・URL**

1　勝平宏, 野田昭彦, 出口秀典 (2013)「大学職員の職務遂行能力開発―大学の国際化に係る課題」『名古屋高等教育研究』第13号 2013

2　国立女性教育会館 (2013)『大学における男女共同参画についてのアンケート調査報告書』

3　山本淳司 (2010)「現場から見た職員の能力開発と『大学職員論』再考」『京都大学高等教育研究』第16号 2010

4　吉武博通 (2014)「人事管理を確立して強い職員組織をつくる」『リクルートカレッジマネジメント187』Jul-Aug.2014, pp58-61

5　内閣府男女共同参画局編『男女共同参画白書　平成26年版』特集　変わりゆく男性の仕事と暮らし http://www.gender.go.jp/about_danjo/whitepaper/h26/zentai/index.html

6　内閣府男女共同参画局仕事と生活の調和推進室 http://wwwa.cao.go.jp/wlb/index.html

7　内閣府男女共同参画局仕事と生活の調和推進室　「『仕事』と『介護』の両立ポータルサイト」 http://wwwa.cao.go.jp/wlb/ryouritsu/index.html

8　内閣府「男性にとっての男女共同参画　ポータルサイト」
　　http://www.gender.go.jp/policy/men_danjo/index.html

9　内閣府男女共同参画局「女性の活躍促進」http://www.gender.go.jp/policy/sokushin/index.html

10　内閣府男女共同参画局「企業における『見える化』」
　　http://www.gender.go.jp/policy/mieruka/company.html

11　厚生労働省「イクメンプロジェクト」http://ikumen-project.jp/index.html

12　厚生労働省「両立支援総合サイト 両立支援のひろば」http://www.ryouritsu.jp/index.html


飯島　絵理

# 九州大学　女性研究者の養成支援
## ～学生教育から両立支援、意思決定過程への参画まで～

### ●女性枠設定による教員採用・養成システム●

　多くの国立大学では女性研究者を増やす取組みが続けられていますが、九州大学においても、平成27年度までの中期計画で女性研究者比率13％達成を目標に掲げ、継続的な努力を続けてきました。

　この間、コンスタントに数値が伸びましたが、これに大きく寄与したのは、平成21年度から5年間実施した文部科学省科学技術人材育成費「女性枠設定による教員採用・養成システム」事業でした。本学では教員を定数ではなく、教授、准教授等職階ごとにポイントを付与する人事ポイントで把握しています。例えば、教授が「1」であれば准教授が「0.8」等、人件費を反映するしくみです。本事業は女性教員比率の低い部局に一定の割合で人事ポイントを出してもらい、これを共通の「女性枠」として設定して女性限定の国際公募を行い、正規の教員として採用するものです。本学独自に文系の学部も加えて実施しました。非常に高い応募倍率となり、40名の優秀な女性教員を採用することができました。各部局は拠出した人事ポイントを、同じ1名でもより多く再獲得しようとする傾向にあるため、結果として人事ポイントの大きい教授・准教授等職位の高い女性教員が増え、科研費等の採択においても、関係女性教員の活躍が目立っています。平成26年度からは、大学独自の取組みとして継続実施しています。

　本学ではこれらの取組みが牽引役となって女性研究者比率が伸び、平成26（2014）年5月現在12.7％、312名となっています。

### ●女性研究者の研究支援・両立支援●

　並行して、女性研究者の研究支援やライフイベントとの両立支援の取組みが充実されました。併せて定員130名の学内保育施設が3カ所に整備され、うち2カ所では給食を行うとともに、延長保育は夜10時までとなりました。出産・育児等で多忙な女性研究者に年間1人200時間まで研究補助者を派遣する研究補助者措置制度 Hand in Hand は、平成25年度48名の女性研究者が利用しました。また、平成21年度からの国際学会派遣事業は5年間で60名、英文校閲経費支援事業も26名の実績となりました。そのほかにも、

リーダーシップや英語力のスキルアップセミナー等が開かれています。

　九州大学独自の両立支援の取組みとしては、出産等をためらわないようにしたいとの配慮から、若手研究者が出産等をする場合、当該研究室に追加して助教等が措置される長期休業支援制度（3年間程度）が平成22年度から実施されています。研究室等の状況について人事の関連委員会で検討、決定しますが、現在該当者がいる6部局に12名措置されています。准教授、教授等からも出産、両立支援の要望があり、平成26年度から准教授、教授については、一定の要件の下研究補助者を長期に（2年間）措置する制度を新たに開始したところです。

## ● 学生教育及び女性研究者の意思決定過程への参画も ●

　人口減少・グローバル化等の変化のなかで、社会のあらゆる才能、人類の半分を占める女性の能力を発掘し、育て、活用していくことが社会的に急務となっています。幼少期から学童期、青年期まで、男女の区別なくそれぞれの能力や個性を丁寧に育んでいくことが求められています。学生に女性研究者の生き様を伝えることは何よりの生き方モデルとなります。平成26年度、福岡県と共催で、学生対象に「プロフェッショナルへの道〜キャリア＆ライフパス」というキャリア啓発イベントを行いましたが、約70名の学生に6名の女性研究者・技術者が自身の研究や私生活を語り、研究者への展望が見えたと好評でした。

　また、このような女子学生の増加や今後の社会の動向を見据えると、教授や学部長、理事、学長等、大学の意思決定過程への女性の参画を着実に進めていくことも、大学運営の改革のために必須のもの

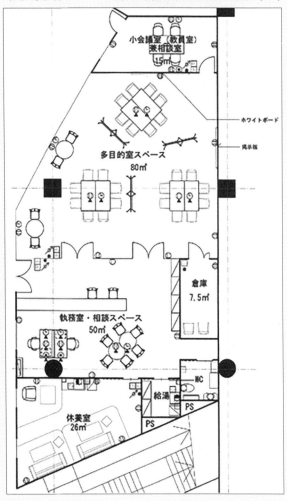

九州大学伊都キャンパス男女共同参画推進室新拠点施設（案）

と考えます。

## ● 女性研究者たちが集う場づくり ●

　本学では現在、福岡市の西、伊都地区へのキャンパス移転が進行中ですが、新たなキャンパスに、平成28年度男女共同参画推進の拠点が設置されることが決定しました。各部局から参画している男女共同参画推進室の教員の議論のなかで発想されたもので、総長等大学全体の理解を得て前頁のとおり設計も決まっています。

　男女共同参画にかかる政策立案や調査研究、相談・学習等の機能を想定していますが、女性に限らず研究者や職員、学生等が集い、学び、交流するなかで、自らの研究や仕事、生活、生き方を見つめパワーアップする拠点となることを期待しています。

放送大学特任教授・福岡学習センター所長／九州大学前理事・男女共同参画推進室長

菊川　律子

九州大学男女共同参画推進室の取組みについて
詳しくはホームページ　http://danjo.kyushu-u.ac.jp/index.php

column ⑪

# 東海大学　ホームページをとおしたイクメン事例の発信

東海大学ワーク・ライフ・バランス推進室ホームページ
「イクメンインタビュー」

東海大学ワーク・ライフ・バランス推進室では、平成24（2012）年からホームページに「イクメンインタビュー」のコーナーを設けています。それまで子育てに関するインタビューは女性研究者を対象とした内容のみでした。しかし社会のイクメン増加に伴い、学内の男性にも育児を主体的にがんばってほしいとの思いから、男性のコーナーを増設しました。大学の「男性の子育ても応援します、仕事との両立に配慮します」という姿勢の表明でもあります。このコーナーが、職場で話題になることもあるそうで、学内の子育てコミュニケーションにも一役買っているようです。

インタビューを読んだ教職員からは「子育てに意欲がある男性は自分だけではないと勇気づけられました」という声や、最近では「イクメンはもう珍しくないので、イクメンという言葉自体、そろそろなくしてもいいのでは」という声もあります。男性の子育てが浸透してきたことを実感します。

● イクメンたちの両立の姿 ●

インタビューで男性たちは、子育ての喜びを素直に語っています。「毎日、朝と晩、お

風呂にいれたり、あやしたり、おむつを替えたりしていますが、私を見て、笑ったりしている姿を見ると幸せです」「寝顔を見るだけの日もありますが、早く帰った時はオムツ替えをしたりお風呂にいれたり、休日もできるだけ一緒にいます」。子育てについて公に語ることを躊躇しない、新しい時代の男性像を見ることができます。

インタビューは建築・化学・情報・数学・政治などさまざまな分野の研究者を対象としました。パートナーが専業主婦であったり、共働きであったり、子育て環境はさまざまです。環境の違うなかで、それぞれが工夫をこらして子育てと仕事との両立を図っていることがわかります。

男性たちは「時代の流れもあり、育児参加はしたい。でも現実は厳しく、気持ちに追い付いていないもどかしさを感じています」といった本音を吐露しながらも、子育てと仕事の両立のメリットも挙げています。「子育ては体が疲れることもありますが、研究のことを忘れ、気持ちの切り替えができます。頭をリフレッシュする時間が持てるようになりました」「育児参加は、仕事に費やせる時間が減るという意味では、影響があると思います。でもその分仕事をしている間は、集中力が上がっているように思います」。建築学が専門の研究者は、子育てをしているパパ・ママが行動しやすい建物の工夫について研究をしていると言います。イクメン経験は仕事の幅を広げてくれる可能性もあるという好例です。

東海大学ワーク・ライフ・バランス推進室特任助教
谷　俊子

東海大学ワーク・ライフ・バランス推進室の取組みについて
詳しくはホームページ　http://www.wlb.u-tokai.ac.jp/

column ⑫

# 男性のワーク・ライフ・バランスを推進して社会を変える NPO 法人の取組み

## ● ファザーリング・ジャパンとは ●

　NPO 法人ファザーリング・ジャパン（以下、「FJ」）は「笑っている父親が社会を変える」をミッションに掲げ、団体が行う「父親支援事業」を通じて現在の父親のあり方・働き方・家族や地域社会とのかかわり方を社会に発信し続けています。

　FJ は、平成 22（2010）年のイクメンブームに湧く前の平成 18（2006）年に、代表安藤哲也が設立しました。Fathering の理解・浸透こそが、「よい父親」ではなく「笑っている父親」を増やし、ひいてはそれが働き方の見直し、企業の意識改革、社会不安の解消、次世代の育成につながり、10 年後・20 年後の日本社会に大きな変革をもたらすということを信じ、これを目的（ミッション）としています。さまざまな事業を展開していくソーシャル・ビジネス・プロジェクトであり、現在は個人会員 400 名を超え（男性だけでなく女性も参画）、法人企業は 15 社（平成 26〈2014〉年 10 月現在）にのぼります。

　具体的な活動内容は多岐にわたるため、ホームページ等を参照していただきたいが、プロジェクトを立ち上げる方式でそれぞれ運営させ、日本で初めての父親学級（妊娠中の母親が行う母親学級の父親版）をはじめとして、現在では企業・行政・大学等でのセミナー、研修を通じて男性の働き方、家事・育児・介護のかかわり方、夫婦のパートナーシップ、親子のあり方、イクジイ・イクバアをはじめとした 3 世代でのかかわりと、社会において性的役割分担意識の強い日本社会において、男性の視点から仕事も家庭（パートナー・子ども等）も大切にする生き方を提示しています。

## ● 男性の育児参加は総論 OK・各論 NG の状況 ●

　われわれは「イクメン」の団体ではありませんが、男性の育児という視点から働き方、家事・育児・介護という家庭的仕事の部分についても積極的にかかわるように推進しています。筆者が育休を取得したのは平成 21（2009）年の一般企業での勤務時代ですが、当時は男性が育休を取得することは本当に稀な存在で、取得に至るまでに会社の理解だけでなく、親の理解を得るのもかなりの時間を要する時代でした。

しかしながら、現在においては、男性が家事・育児を担うことはもちろん育休制度を利用することにおいて、社会の雰囲気としてそのことにNGを出すことはできないほど、理解されはじめてきています。しかし、実際取得となると環境によってはまだまだハードルがあると言わざるを得ません。よって、社会的には男性が家事・育児・介護を担うことは頭では理解できていますが、当事者が近くにいる場合にはまだまだ課題が多いと言えます。

## ●これからはイクボスの時代へ●

この課題解決に一番必要なのは、組織の意思決定を担う層への理解浸透であるとFJは考え、平成26（2014）年3月から「イクボスプロジェクト」を始動させました。「イクボス十ヵ条」をはじめとし、企業・自治体研修の管理職層に向けたマネジメントの手法として「イクボス」を提唱したところ、大手上場企業をはじめとしてかなりの数の研修申込が殺到している状況からも見ても、社会の要望がそこにあるのではないかと考えています。現在子育て中の世代（20代～40代前半）とマネジメント層（40代後半～60代）は、家事・育児・仕事に対する価値観の違いがあり、組織のマネジメントにおいて、この点を意識して運営している組織とそうでない組織とでは、従業員の就労継続や人員の確保に大きな差が出始めているのではないかと思います。これまでの長時間労働前提の働き方・マネジメントから、時間制約のある人員に有効に働いてもらう多様性のある働き方へ移行するための1つの方策として、われわれファザーリング・ジャパンは「イクボス」というポジティブでわかりやすい言葉を積極的に発信しています。

「父親が変われば、家庭が変わり、地域が変わり、会社が変わり、社会が変わる」

これからもFatheringの視点から男女ともにどの世代も働きやすい環境を目指す活動に注力していきたいと考えています。

NPO法人ファザーリング・ジャパン理事

徳倉　康之

NPO法人ファザーリング・ジャパンの取組みについて
詳しくはホームページ　http://fathering.jp

# 第4章 学生を対象とした男女共同参画学習とキャリア形成支援

- 「男女共同参画の視点に立ったキャリア形成支援」とはどのようなものですか？
- 女子学生に特化した支援がなぜ必要なのでしょうか？
- 男子学生にとって、男女共同参画学習はなぜ必要なのですか？
- 学内には男女共同参画学習を行うことのできる人材や人手が十分にないのですが、何か方法はありますか？

　次代の社会づくりを担う若者の男女共同参画意識の醸成は、若者にとって社会に出る前の最終の教育機関である大学の重要な役割と言える。大学における男女共同参画を推進するうえでも、学生は、重要な対象の１つである。

　学生の意識の醸成のために有効な方法の１つは、すでに述べてきたように働く場における男女共同参画を進め、日常生活のなかで、学生たちに教職員の働き方、生き方をロールモデルとして提示していくことである。本章では、もう１つの方法として、直接、学生に対して男女共同参画にかかわる意識の醸成及びキャリア形成に関する学習プログラムを提供する取組みについて述べる。

　学生が男女共同参画の視点を学び、社会の現状や課題、それらと自分とのかかわりについて考えることは、経済社会の変化とともに、ますます大切になっている。本章ではまず、これらの背景や学習の意義について考察する。そのうえで、学生を対象とした取組みの実践について、①大学において、男女共同参画センターやキャリアセンター、学部等、学内の組織が企画・実施している取組み、②地域資源を活用、あるいは連携する方法として、自治体や地域の男女共同参画センター等が主催する取組みの２つに分けて紹介する。

　なお、大学における学生を対象とした男女共同参画にかかわる学習機会としては、教養科目や選択科目として、各担当教員がジェンダーや女性学等の授業を行っている大学も多い。しかしここでは、大学の方針として男女共同参画にかかわる意識醸成の機会を提供している事例や、全学的・体系的なプログラムを開発、提供している事例等、各教員による取組みの枠を超えた実践を主に取り上げる。

## 1 学生を対象とした男女共同参画学習の意義

　近年、若者の働くことへの意欲の低下や職業人としての基本的な能力の低下が言われ、「若者

■ 第Ⅱ部 〔実践編〕具体的な取組みや実践事例を知る

の『社会的・職業的自立』や『学校から社会・職業への円滑な移行』」（中央教育審議会「今後の学校におけるキャリア教育・職業教育の在り方について（答申）」平成23〈2011〉年1月31日）が課題となっている。そして、これらの課題への対応として、「キャリア教育」を幼児期の教育から高等教育に至るまで体系的に進めることが必要とされている。大学・短大においては、「大学設置基準及び短大設置基準」が改正され（平成23〈2011〉年4月施行）、教育課程の内外を通じて社会的・職業的自立に向けた指導等に取り組むための体制を整えることとなっている。

上述の答申では、高等教育におけるキャリア教育の取組みの視点の1つとして、「男女共同参画の視点を踏まえたキャリア教育」を挙げ、次のように述べている。

「少子・高齢社会を迎えた我が国において、経済・社会の活力を維持・向上していくためには、女性の活躍が一層重要である。いわゆる男女雇用機会均等法や育児・介護休業法、ワーク・ライフ・バランスに関する憲章・行動指針等も整備され、男女共同参画社会の実現に向け、学生・生徒を取り巻く経済・社会の環境は変化している。このような変化に対応できるよう、意識改革も含めたキャリア教育が重要である」（第4章2（2）（カ））。

男女共同参画の視点に立ったキャリア形成支援は、「キャリア」を職業生活だけでなく、家庭や地域、社会等において生涯にわたって遂行するさまざまな立場や役割の連鎖として、広義にとらえるところに特色がある（コラム⑬「キャリアとは？—国立女性教育会館の事業から」参照）。生涯を見据え、仕事、家庭、地域等の領域を含めた人生のさまざまな選択肢と、それぞれの選択肢の周囲にある社会の現状と課題について学び、自らの今後のキャリア形成に引きつけて考えることができる機会を提供するものである。その際、第Ⅰ部第3章で見たように、ライフスタイルやキャリア形成のあり方は、現状では性別によってかなり異なっているため、それらの違いに考慮した視点が重要になる。

男女共同参画の視点に立ったキャリア形成支援は、女子学生だけではなく、男子学生に対しても大切である。若者の世代は、親の世代の経済的・社会的状況とはかなり異なる時代を生きており、親や周囲の大人だけをロールモデルとして自分自身のライフデザインを描くわけにはいかなくなっている。女子学生にも男子学生にも、多様なロールモデルや、広い視野をもって将来を考えるための材料を提供していくことが必要だろう。

この「材料」と言える男女共同参画にかかわる社会の現状・課題について、第Ⅰ部第3章で示した事柄を、少し補足を加えながら簡単に見てみよう。

現在、女性の活躍促進が喫緊の政策課題となっているが、男女共同参画社会の実現への道のりは依然として遠い。女性は出産・育児等のライフイベントの影響を受けやすく、第1子出産後に約6割が離職している（図表Ⅱ-4-1）。女性の年齢階級別労働力率は、多くの女性が出産・育児期に仕事を中断する「M字カーブ」を示しており、その後の再就職は、非正規雇用が多い（図表Ⅰ-3-2、Ⅰ-3-5）。これらの図には示されていないが、育児期を過ぎたあとの学歴別労働力率は、大学・大学院卒は短大卒や高卒よりもむしろ低くなっており、高い教育を受けた女性の能力が、社会で十分に生かされていないことがうかがえる[1]。

政治や職場、地域等、さまざまな分野において、管理職等の意思決定過程に参画する女性の割

# 学生を対象とした男女共同参画学習とキャリア形成支援　第4章

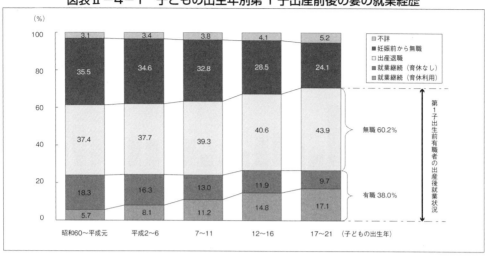

図表Ⅱ-4-1　子どもの出生年別第1子出産前後の妻の就業経歴

出所：内閣府・男女共同参画推進連携会議「ひとりひとりが幸せな社会のために　平成26年版データ」
注1：国立社会保障・人口問題研究所「第14回出生動向基本調査（夫婦調査）」より作成
　2　第1子が1歳以上15歳未満の子を持つ初婚どうし夫婦について集計
　3　出産前後の就業経歴：就業継続（育休利用）─妊娠判明時就業～育児休業取得～子ども1歳時就業、就業継続（育休なし）─妊娠判明時就業～育児休業取得なし～子ども1歳時就業、出産退職─妊娠判明時就業～子ども1歳時無職、妊娠前から無職─妊娠判明時無職～子ども1歳時無職

合は極めて低い（図表Ⅱ-4-2）。就労を継続する女性や意思決定過程に参画する女性の割合が低いことは、学生にとっては、身近に社会で活躍する女性のロールモデルが少ないことを意味しており、具体的なキャリア形成の展望が描きにくい要因の1つとなっていると考えられる。

　女性の活躍推進の施策に併せて、男性への取組みとしては、家事・育児への参画や働き方の見直し等が政策課題となっている。育児期に当たる30歳代男性の労働時間は長く、家事・育児時間は国際的に見てもかなり短い（図表Ⅰ-3-11、Ⅰ-3-12）。一方、子育てに積極的にかかわる男性や、家庭で妻や親の介護をする男性も徐々に増えている。共働きは増加し（図表Ⅰ-3-8）、若い世代の非正規雇用率の増加や未婚率の上昇等も見られ、男性のライフスタイルは変化してきている。今後は、男女ともに、個人として経済的自立と生活自立ができることが必要であり、ワーク・ライフ・バランスを目指した生き方が求められている。

　一方、第Ⅰ部第3章で見た女性が職業をもつことについての考え方に関する調査結果（図表Ⅰ-3-7）を年齢階級別に見ると、男女とも、若い世代（20～29歳）は、就労を継続するほうがよいとする割合が比較的低く、子どもができたら仕事を辞めることや、一度中断して再就職するほうがよいとする割合が比較的高い（図表Ⅱ-4-3）。このような傾向が見られる背景にも留意しつつ、学生の学びを支援していくことが重要であろう。

　多くの大学では、就職課やキャリアセンターが中心となり、企業等で求められる即戦力を養い、企業と学生のミスマッチを防ぎつつ、就職率の向上及び離職率の低下を目指した取組みを行っている。このような取組みは、学生の学校から社会・職業への移行に直接的に結びつく支援であり、

第Ⅱ部 〔実践編〕具体的な取組みや実践事例を知る

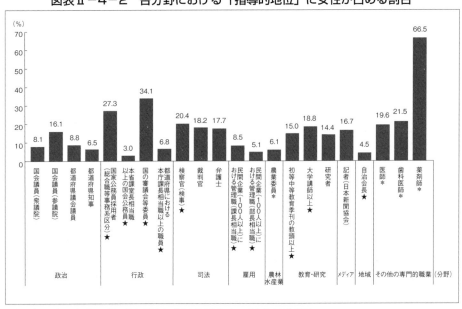

図表Ⅱ-4-2 各分野における「指導的地位」に女性が占める割合

出所：内閣府男女共同参画局『男女共同参画白書 平成26年版』
注 ：内閣府「女性の政策・方針決定参画状況調べ」（平成25年12月）より一部情報を更新。
　　原則として平成25年のデータ。ただし、＊は平成24年のデータ。なお、★印は、第3次
　　男女共同参画基本計画において成果目標が設定されている項目として掲げられているもの。

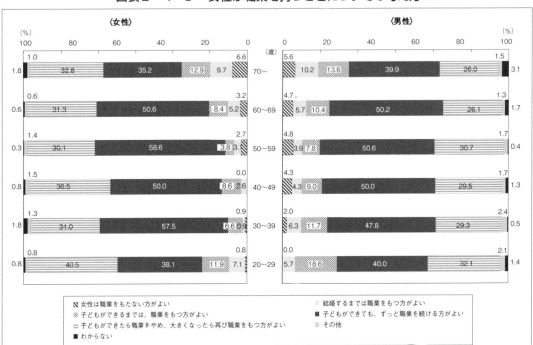

図表Ⅱ-4-3 女性が職業を持つことについての考え方

出所：内閣府『男女共同参画社会に関する世論調査』2012年より作成

学生や保護者からの期待も大きい。これに対し、先述の男女共同参画の視点に立ったキャリア形成支援は、必ずしも直接的ではない、生涯を見据えた長期的な視点に立った支援と言える。経済社会が大きく変化する状況のなか、学生が、卒業後の職業生活と家庭生活を充実させて豊かに過ごす道標として、これら両方の視点からの支援が必要であろう。そして支援を受けた学生が、地域や職場において男女共同参画を推進していく人材に育っていくような学習機会を提供していかなくてはならない。

## 2 学生を対象とした男女共同参画学習とキャリア形成支援の取組み事例

### (1) 大学における取組み

先述のような女性と男性を取り巻く社会の現状を知り、直近の就職だけでなく、生涯を見据えたキャリア形成の視点をもつことや、女性は就労を継続し経済的に自立すること、男性は子育てや介護等、家庭での役割を担うことの重要性を理解するためには、どのような取組みが有効であろうか。それを考える手がかりとして、まず、大学で実施している以下のような5つのプログラム例を紹介する。

1. 全学共通キャリア教育・キャリア支援の取組み（昭和女子大学）
   全学共通の「キャリアコア科目」を含む「キャリア科目」を「キャリアデザイン・ポリシー（社会的・職業的自立に関する方針）」に沿って履修するカリキュラムを開発し、キャリア教育を推進している（コラム⑭昭和女子大学参照）。同大学では近年、高い就職率を維持し、受験生も増加している。
2. 女性学研究所が企画するリベラル・アーツ教育（東京女子大学）
   全学科共通・全学年対象の授業を女性学研究所が企画し開講している。複数の教員による「チェーン・レクチャー方式」で、女性のライフキャリアについて、多角的な視点から検討されている。
3. 共学の大学においてキャリアセンターが主催する女子学生支援（立教大学）
   女性の就労をテーマとするプログラムを、キャリアセンターが主催し展開している。同大学は共学だが、女子学生に特化したキャリア支援が必要と考え、さまざまな企業等の人材がスピーカーとなり、女性の就労やキャリア形成について考える機会を提供している。平成26年度からは、このプログラムを基本として、男子学生も受講対象とする「男女共生支援プロジェクト」として展開を始めている。
4. 男女共同参画推進センターが行う次世代育成を目的とした全学部学生への取組み（静岡県立大学）
   大学の男女共同参画推進センターが、全学部学生を対象として男女共同参画の視点をもった次世代の育成を目的とする全学共通科目教育を行っている。教員が基礎となる学

習を実施したあと、外部のさまざまな分野から講師を招き、オムニバスの講義形式で授業を行っている。
5 医学部における医師キャリア教育の実践（秋田大学）
医学部3年を対象とした必修プログラムを実施する取組み（コラム⑮秋田大学参照）。医師のキャリアを形成していくに当たり直面するワーク・ライフ・バランス等の課題をどのように考えるか、具体的なシナリオをベースとしたグループワークや未来年表の作成をとおして、男女学生が学ぶ機会を提供する試みである。

## 女性学研究所が企画するリベラル・アーツ教育

東京女子大学では、平成25年度より（平成18年度からの総合講座「女性とキャリア」を継承）、女性学研究所が企画して、全学科共通・全学年対象の「チェーン・レクチャー方式」による学部授業「共生社会とジェンダー：女性のライフキャリアを考える」を開講している。「ライフキャリア」を「個人が生涯をとおして主体的に社会参画することであり、就業や地域活動等を通じて、さらなる自己確立を果たすとともに社会に貢献すること」ととらえ、下記のように女性のライフキャリアについて、ジェンダーの視点から考察する機会を提供している（有賀 2014）。

---

**2014年度 総合教養科目「共生社会とジェンダー」（全14回）**

■授業題目
　女性のライフキャリアを考える

■授業目標
　女性が職業のみでなく複数の役割を担いながら、その自己確立の礎を築いていくうえでの具体的課題や可能性について、多角的に考察する。とりわけ、今日の男女共同参画社会における多様な人々との共生、女性の自立的社会参加に関する問題をジェンダーの視点から総合的に捉えつつ、自らが主体的にかかわっていく道筋についての理解を深めていく。

■授業内容
　〇4月15日　「イントロダクション―共生社会を基礎づけるもの」
　　Ⅰ　「女性のライフコースとジェンダー」
　　　①4月22日　女性のライフコースをめぐって―時代による変化と多様化
　　　②5月 6日　共同子育ての場としての保育所を考える―発達心理学の視点から
　　　③5月13日　既婚女性の経済力と夫婦関係―男性の多様化に着目して
　　Ⅱ　「ライフキャリア形成とジェンダー」
　　　①5月20日　女性にとってのキャリアとは
　　　②5月27日　キャリアデザインの考え方
　　　③6月 3日　キャリア意識の形成
　　Ⅲ　「地域コミュニティと福祉の仕事」
　　　①6月10日　福祉の仕事について考える

②6月17日　地域コミュニティにおける福祉の仕事の担い手とジェンダー
　Ⅳ　「ライフスタイル価値観の多様性と共生社会の課題」
　　　①6月24日　ライフスタイル価値観の3類型をめぐって
　　　②7月 1日　ライフスタイルグループの分布から見えるもの
　　　③7月 8日　望ましい社会のさまざまなビジョンを考える
　Ⅴ　「共生社会の構築―性別役割分業を超えて」
　　　①7月15日　「ワーク・ライフ・バランス」をめぐる現状と課題
　　　　　　　　　―国際比較の視点から
　　　②7月22日　「男女雇用機会均等法」施行と改正の意義をめぐって

## 共学の大学においてキャリアセンターが主催する女子学生支援

　立教大学のキャリアセンターでは、半数以上を占める女子学生のキャリア形成を取り巻く課題に対する取組みが必要であるととらえ、平成21年度から25年度まで、キャリアセンターを中心として編成された「女子学生キャリア支援プロジェクト」が母体となり、「女子学生キャリア支援プログラム」を実施した。このプロジェクトでは、3年次の女子学生を主な対象として、「働く意味」と「女性就労の実情」を理解する「女子学生就職ガイダンス」を実施、その後、企業で働く女性ロールモデルを講師として招聘し、学生同士のグループワーク等を含む「働く女性との交流プログラム」を開催。さらに秋には、学生が企業で働く女性社員を訪問し、働くことの意義を学ぶ「企業訪問会」を実施した。

　これらと併せて、平成22年度からは正課（授業）として「女性就労とワーク・ライフ・バランス」を開始した。この授業は、以下に示すように、さまざまな企業等からゲストスピーカーを招き、全体を教員がコーディネートする構成となっている（山極2011）。

### 2013年度「女性就労とワーク・ライフ・バランス」
■授業の目標
　「女性が働くこと」と「ワーク・ライフ・バランス」に関する課題を、各界の講師から提起してもらい、女性の働き方を軸に、男女が共同する生き方、仕事を通しての社会参画について、学生の自覚と認識を促す。

■授業の内容
　日本の女性は、能力が高いにもかかわらず、社会で活躍しているとはいえない。海外の多くの国の女性は、経済界・政界等意思決定の場に参画している。少子・高齢化により人口減少が深刻化し、グローバル化が進展する中、男女共、自らの意思によって社会活動に参画でき、経済・社会・文化的利益を享受し、ともに責任を担う男女共同参画社会へと歩みはじめている。また、企業も、女性の能力が最大限発揮できるよう、本格的な取組みを

始めている。このような変化に対応し、ワーク・ライフ・バランスやダイバーシティを模索することは、これからの社会を生きる人々にとっての課題である。しかし、現在の学生はそうした現状を、把握しているとはいえない。そこで、社会の変化、女性就労についての知識を深め、働くことに関するさまざまな情報を正確に伝え、自己肯定感を高めて充実した職業生活や生き方を自己選択できるような支援が必要である。本講では、多様な人材を講師として招聘し、授業目標に関する最新の情報を連続講義で展開する。講師には会社の制度や各テーマの説明の他に、働き続けることの重要性等についても語っていただく。コーディネーターが毎回出席し、質疑応答のとりまとめ及び総括討論を担当する。

■授業計画〔　〕内は招聘企業・団体等
1. イントロダクション〔立教大学〕
2. 日本経済と今後の展望〔日本経済新聞社〕
3. 女性就労を考える～国際的視点から〔和光大学〕
4. 「働き方」について～企業の視点1〔昭和電工株式会社〕
5. 「働き方」について～企業の視点2〔NSコーポレーション株式会社〕
6. 女性就労を考える～心理的視点から〔立教大学〕
7. 「働き方」について～働く個人の視点1〔地方自治体〕
8. 「働き方」について～働く個人の視点2〔朝日新聞社〕
9. 「働き方」について～働く個人の視点3〔三鷹市SOHO〕
10. 「働き方」について～働く個人の視点4〔KDDI株式会社〕
11. 「働きつづけること」について考える〔立教大学〕
12. 男性の視点で女性就労を考える〔ファザーリング・ジャパン〕
13. 男女共同参画社会を考える〔立教大学〕
14. まとめ・パネルディスカッション〔学生有志〕

　なお、男子学生に対してもこのような学習機会の提供が必要であると考え、平成26年度からは、全学年の男女学生を対象とする「男女共生支援プロジェクト」を開始した。同年には、企業からゲストを招き、パネルディスカッション形式による「社会人に聞く！　見えない壁の乗り越え方～性差にとらわれない生き方・働き方を考える～」、及びインタビュー形式による懇談会「働く女性＆イクメンパパとの交流会」を開催した。

## 男女共同参画推進センターが行う次世代育成を目的とした全学部学生への取組み

　静岡県立大学の男女共同参画推進センターでは、学生の教育・啓発活動に力を注いでいる。同センターは平成20（2008）年に設立され、平成21年度より、男女共同参画社会への深い理解をもった次世代を育成するため、全学生を対象とした「全学共通科目」として、「男女共同参画社会とジェンダー」を開設している。

平成26年度（前期15コマ）のシラバスは以下のとおりである。前半は、男女共同参画全般について基礎を学び、後半で多様な分野とジェンダーのかかわりについて、ゲストスピーカーの話を聴いて理解を深める構成になっている。

■科目名
　男女共同参画社会とジェンダー（Gender Equal Society and Gender）

■授業目標
　　男女一人ひとりが対等な立場で、互いにその人権を尊重しつつ責任も分かち合い、性別にかかわりなく、その個性と能力を十分に発揮できる「男女共同参画社会」（Gender Equal Society）の実現は、今日のグローバル社会における普遍的な理念であり、21世紀日本社会の最重要課題である。この授業では、男女共同参画社会及びその中心的概念であるジェンダーについての理解を深め、男女共同参画社会の実現に向けて取り組む問題意識と意欲を培うことを目標とする。

■授業概要
　　まず前半では、男女共同参画社会の意義と必要性、ジェンダーの視点の重要性、男女共同参画社会の形成と展開に関する世界と日本の動き、大学における男女共同参画の課題、男女共同参画社会の法的な根拠などを概観し、男女共同参画社会の基礎について学ぶ。それを踏まえて後半では、より視野を広げ、男女共同参画社会の実現に向かおうとする今日の社会の現状と課題について、さまざまな領域にわたるテーマを設定し、それらの諸問題をジェンダーの視点から批判的に分析、考察する。

■授業方法
　　オムニバスの講義形式で行う。学内、学外からさまざまな講師を招き、それぞれの専門分野の立場から男女共同参画社会とジェンダーについて幅広く論じてもらう。

■授業展開
　1. イントロダクション
　2. 男女共同参画社会とジェンダーの視点
　3. 男女共同参画社会の形成と展開〜世界と日本の動き
　4. 男女共同参画社会と法制度
　5. 自然科学とジェンダー
　6. 歴史とジェンダー〜女性史を中心に
　7. マイノリティとジェンダー
　8. 労働とジェンダー
　9. マスメディアとジェンダー
　10. 教育とジェンダー
　11. 恋愛・結婚・家族とジェンダー
　12. 性暴力とジェンダー〜学生のためのハッピー恋愛論

13. 市民活動とジェンダー
14. マイノリティとジェンダー　特別講義とミニ・コンサート
15. まとめ

## (2) 自治体や男女共同参画センター等の活用・連携

　地域において男女共同参画を推進する主な拠点としては、自治体の男女共同参画担当部局及び男女共同参画センター（以下、「センター」）がある。先述の事例のように大学単独でプログラムを実施する以外に、これらの関連機関と連携したり、関連機関が主催するプログラムに学生を参加させたりして、学生の男女共同参画学習を支援することもできる。

　全国には375の女性教育施設がある（平成23〈2011〉年10月現在　社会教育調査）。施設の規模や運営形態等はさまざまだが、多くのセンターには、男女共同参画学習の専門知識をもつスタッフがおり、女性の就労やキャリア形成、デートDV（p.158参照）等をテーマとした講座を企画・実施している。そのようなセンターと連携して学生の学習を支援することにより、学内に男女共同参画やジェンダー等を専門とする教員がいない場合でも、効果的に支援ができると考えられる。センターは、地域で活躍する幅広い人材や任意団体、NPO法人、自治体の関連部局等、豊富な情報とネットワークをもっていることも魅力である。

　自治体やセンターとの連携は、大学にとって次のような利点が考えられる。

- 男女共同参画や学習方法（参加型学習等）、地域資源（関連機関・団体・人材の情報等）について専門性のある職員の協力を得ることができる。
- 自治体やセンターが提供する学習内容・方法を知ることにより、今後の学内での事業展開のヒントが得られる。
- センターを会場として地域にある他大学の学生にも声をかけるなどにより、企画を広げやすい。
- 公的機関との連携により、地域連携、地域貢献の可能性が広がる。
- 学生にとっては、他大学の学生や地域住民と交流することによって、新たな気づきを得る機会になる。

　センターの通常の利用者は、未就学児の子育て期や子どもの手が離れた50歳代以上の女性が多い。ほとんどのセンターは、若年層の利用拡大や次世代リーダーの育成を課題としており、大学とつながりをもち、学生がセンターを利用することは、センターにとっての課題の解消にもなる。大学とセンターの連携は、効果的・効率的な取組みを進めるうえで、その相互にとって利点がある。

　地域のセンターとの連携の事例としては、第1章の大阪府立大学のコラム（理工系進路選択支援の取組み）も参照されたい（コラム⑤）。ここで紹介するのは、以下の6つの事例である。

1　大学の男女共同参画推進センターが地域資源を活用して学生の学習を推進（静岡県立大学）
2　自治体と大学が連携したライフキャリア教育授業の推進（神奈川県）
3　学生同士で男女共同参画について考えるワークショップ（文部科学省）
4　男女共同参画にかかわる取材活動や事業企画に参画するインターンシップ（川崎市男女共同参画センター）
5　学生リーダー養成と中高生へのデートDV予防講座の実施（もりおか女性センター）
6　大学生による中高生の居場所づくり活動（札幌市男女共同参画センター）

　自治体やセンターとの連携の仕方は、大きく分けると、①事業の企画・実施を協働する方法と、②自治体やセンターが提供する講座等に学生を参加させる（あるいは講座情報を学生に提供する）方法の2つが考えられる。これらの事例をこの連携の方法で分けると、1と2は①の共催や協働等による連携、3～6は②の地域等の外部資源の活用によるつながりになる。4～6の取組みは、センターが主催する学生を対象とした事業のなかから、単発のものでなく、継続性のあるものを取り上げている。

## 大学の男女共同参画推進センターが地域資源を活用して学生の学習を推進

　静岡県立大学の男女共同参画推進センターでは、自治体やセンター等、地域において男女共同参画を推進する機関と共催事業を行うなど、地域資源を有効に活用し、学生に対する男女共同参画学習を推進している。先に述べた全学共通科目「男女共同参画社会とジェンダー」の授業でも、県内から複数の非常勤講師を委嘱し、自然科学、歴史、マスメディア、性暴力、市民活動、マイノリティ等、さまざまな分野から男女共同参画社会について分析・考察している。学内のジェンダー研究を専門とする教員は1名であるが、地域人材を活用することによって、男女共同参画について幅広いテーマを切り口にした学習機会を提供することができている（犬塚2015）。
　このほか、地域の自治体や男女共同参画センター等の関連機関との連携も積極的に行い、女子学生を対象としたセミナーや、デートDV防止の講演会、「男女共同参画週間」や「男女共同参画記念の日記念事業」に合わせた街頭啓発キャンペーンへの学生の参加等、学習や活動の場を広げている（同大学の学外・地域との連携・協力については第Ⅱ部第1章[2](2)参照）。
　この取組みは、学内の限られた人員や予算だけでは十分には取組みを行えない場合でも、地域にある人材や機関とつながることにより、学生に豊富な学習機会を提供できることを示唆していると言える。

## 自治体と大学が連携したライフキャリア教育授業の推進

　神奈川県県民局くらし県民部人権男女共同参画課では、大学・NPO・市町村等と連携して大学生向けのライフキャリア授業のプログラムを作成し、県内の大学での普及を図っている。平成25年度には、4大学（横浜国立大学、神奈川県立保健福祉大学、神奈川大学、鎌倉女子大学）を

第Ⅱ部 〔実践編〕具体的な取組みや実践事例を知る

## 男女共同参画の視点によるライフキャリア教育授業案
### （神奈川県県民局くらし県民部人権男女共同参画課）

| | テーマ | ねらい | 全体の流れ |
|---|---|---|---|
| 第1回 | 生き方や働き方の思い込みに気づく | 日常生活（メディア含む）に残る固定的性別役割分担意識に気づく。メディアとの接し方等を考える。 | 実態把握（気づき） |
| 第2回 | 男女共同参画概論 | 男女共同参画社会の実現にはまだ課題が多いことを知るとともに、身近な問題であることを学ぶ。 | |
| 第3回 | ライフプランを考える① | 就職、結婚、子育て、介護など自分の将来を考えるとともに、他の学生の考えを聞くことで、自分と違う視点や多様な考え方に気づく。 | 課題分析（意識の発展・活性化） |
| 第4回 | パートナーシップを考える | パートナーシップや他の人との付き合い方について（デートDVを含む）考えることで、他の人の考えを尊重することの重要性を知る。 | |
| 第5回 | 心と身体の健康を考える | 心と身体の健康にかかる男女の違いや年齢による身体の変化などを学ぶ。 | |
| 第6回 | ワーク・ライフ・マネジメントを考える | ワーク・ライフ・バランスの観点から希望する働き方を考えるとともに、働くことに対する心構えをする。 | |
| 第7回 | 労働の歴史と現状を知る | 労働の歴史と現状や、社会における男女差があることを知るとともに、現在の状況は従来の取組の上に成り立っていることを学ぶ。 | 実務的な知識の習得 |
| 第8回 | 労働に関する法律や制度を知る① | 労働に関する法律や制度などを、問題が起きたときの相談機関など実務的に役立つ情報を含め、働く前に必要な知識を得る。 | |
| 第9回 | 労働に関する法律や制度を知る② | | |
| 第10回 | ロールモデルの必要性と見つけ方を学ぶ | ロールモデルやメンターが必要な理由を知り、探し方を考える（次回のゲストトークにつなげる）。 | 課題解決に向けた実践（各自の考え見直し） |
| 第11回 | ゲストトーク①（OG事例） | 大学のOG、OBなどの身近な事例を聞くことで、さまざまな働き方や生活の仕方を学び、仕事や生活の選択肢や可能性を具体的に考える。 | |
| 第12回 | ゲストトーク②（OB事例） | | |
| 第13回 | 企業の選び方を学ぶ | 変化する企業や働き方を学び、就職活動をする際に必要な視点を自ら考える。 | |
| 第14回 | ライフプランを考える② | さまざまな講義を受けた上で、ワークシートやグループワークなどを通して、自分のライフプランを再度考える。 | 課題解決に向けた実践（各自ライフプラン再考） |
| 第15回 | 自分のキャリアを自らデザインする | 第14回までの内容を振り返り、自分の生き方の選択が広がったことを知り、今後のライフキャリア形成に生かす。 | |

含む「大学における男女共同参画推進プログラム検討委員会」を設置して授業案を作成、上記4大学にてモデル的に事業を実施した。平成26年度には、東海大学を加え5大学で実施した。

神奈川県ではこれまで、キャリア教育や男女共同参画にかかる意識啓発等について、大学とのかかわりはほとんどなかった。しかし、県内では大学・短大卒で就職する者が多く、女性の就業継続の重要性等について理解を促進する必要性から、特に大学生を対象とした取組みを行うこととした。

授業案は、女性の就業継続だけでなく、男性も性別役割分担意識にとらわれることなく、男女ともに自分が希望する生き方を選択できることを目指したものである（左表）。半期2単位を想定した全15回で、実態の把握、課題分析、実務的な知識の習得、課題解決に向けた実践と、順序立てて学習効果を高める構成となっているが、大学の実情に応じて、全部または一部を取捨選択しても実施することができる。

今後も事業実施を重ねて授業案の内容を検証していくとともに、大学でのカリキュラムとしての設置の働きかけや、大学間の連携によるネットワーク化、単位互換制度の活用等を検討していく予定である。

## 学生同士で男女共同参画について考えるワークショップ

文部科学省生涯学習政策局男女共同参画課では、男女共同参画社会の形成に向けた取組みの1つとして、平成24年度より、大学生等を対象にワークショップを実施している。これから社会で活躍する学生が、男女の働き方や家庭生活に関する現状を知り、お互いの本音トークをヒントに将来の生き方や働き方、男女がともに活躍できる社会等について考える機会を提供することを目的に、平成24年度は男子学生のみで「100人男子会」（開催地：東京都）、平成25年度と26年度は男女学生を対象に「100人男子会×女子会」（開催地：平成25年度北九州市、平成26年度三重県）を開催した。ワークショップでは、小グループで席替えを繰り返しながら議論を深める手法を用いて、大人数でも参加者全員が意見を共有し、学びと気づきが得られるよう工夫されている。学生たちは、さまざまな意見を出し合い、共有することで、男女共同参画の社会づくりについて考えるきっかけを得ている。

文部科学省生涯学習政策局男女共同参画課
ワークショップの様子

参加者アンケートでは、「同世代の人と男女共同参画について話す機会がないので、お互いの考えを交換するのはいいなと思った」「普段の授業とは違って新鮮だった」「自分の考え方に固執せず、多くの人の考え方に触れられたことで視野が広がった」等の回答があった。また、「女性から見た男性、男性から見た女性でイメージが異なっていて、とてもおもしろかった」「男女の隔たりというのは案外自分の中に無意識にあるものだと、話すことで気づいた」等、大勢の男女学生が混ざって男女共同参画につい

て話し合うことのよさや新たな気づきについての回答もあった（平成25年度事業の報告冊子より抜粋）。

　文部科学省では、各大学がこれらを参考にして独自に取組みが行えるよう、大学生等を対象としたワークショップについてまとめた報告書を作成し、普及を図っている（詳細は、文部科学省ホームページ「男女共同参画社会の推進のために」参照　http://www.mext.go.jp/a_menu/ikusei/kyoudou/detail/1352111.htm）。

## 男女共同参画にかかわる取材活動や事業企画に参画するインターンシップ

　川崎市男女共同参画センターでは、大学生の男女を対象としたインターンシップ事業に取り組んでいる。同センターで主に実施しているインターンシップは、「短期インターンシップ」と「長期インターンシップ」の2種類がある。「短期インターンシップ」は8月末の10日間に集中して実施するものであり、平成18年度より開始している。「長期インターンシップ」は、7月下旬〜翌年2月の約半年の間に60時間程度参加するもので、平成23年度より開始した。

　インターンシップでは、学生たちの主体的な活動を促し、男女共同参画の基礎についての学習や、地域で働く人へのインタビュー、他の事業と連携した若者向け冊子の作成等をとおして、多様な働き方、生き方を考える機会を提供している。毎年、県内や都内の多数の大学から学生が集まり、9期を迎えた「短期インターンシップ」の平成26年度までの修了生は148名になる。同センターでは、学生たちがインターンシップに参加することをとおして、自分たち自身が主体的に社会をつくっていく担い手になるきっかけをつくってほしいと考えている。

　参加者は途中で辞めることもなく、毎日参加している。活動に当

たっては、グループ内で役割を決め、一人ひとりが自主的にかかわるように促しており、学生同士も気にかけあっている。参加した次の年には就職活動を終えた学生がサポーターとして入り、職員の考えを伝えたりして仲介してくれることも、欠席者がいないことにつながっていると考えられる。

「短期インターンシップ」は毎年、「はたらくっておもしろい」をテーマにしている。地域の人に会って話を聴くことで、さまざまな職業の多様な価値観をもった働く大人と実際に接して学んでもらう機会を提供している。企業が提供するインターンシップとは、この点において大きく異なる。

短期インターンシップ参加者の希望者及び長期インターンシップ参加者は、デートDVや防災等、その年度の他の事業と連携して実施する冊子作成等の活動にもかかわる。このことは、学生が自ら男女共同参画の問題に気づくきっかけになっている。地域で働く社会人へのインタビューの際にも、対象者は学生の関心をもとに、職員が男女共同参画の視点を考慮し判断して決める。インタビューをまとめる過程では、同センターが発行するものとしてどこにポイントを置くのかを職員が指摘しながら仕上げていくことで、男女共同参画についての気づきを得るよう促している。

## 学生リーダー養成と中高生へのデートDV予防講座の実施

平成18(2006)年4月より特定非営利活動法人参画プランニング・いわてが指定管理者として管理運営を行っているもりおか女性センターでは、DVの未然防止にも力を入れている。配偶者暴力相談支援センター(以下、「配暴センター」)としての機能を果たす同センターでは、その取組みの1つとして、大学生・専門学校生を対象に「ユースリーダー養成講座」を実施して、デートDV予防講座を行う学生を養成し、県内の中学校・高校での出前講座を行っている。学生による主体的な出前講座の企画・実施は、男女共同参画を推進しようとする意識を醸成するだけでなく、学習支援者としての力量形成を促している。また、出前講座は、中高生にとっても、年齢の近い身近なロールモデルに接する貴重な機会となっている。

本事業は、配暴センターが開設された平成21年度から開始し、平成25年度で5期目になる。講座の参加者は毎年7～10名程度。応募してくる学生は、福祉系と看護系を専攻する学生が多いが、医学部や薬学部の学生、公務員を目指している専門学校生も参加している。

養成講座では、ジェンダーや男女共同参画についてしっかりと学ぶとともに、DV予防講座で実演する寸劇のプログラムづくりを行う。中学校・高校への出前講座では、寸劇の実演や話し合いのファシリテーターを担当し、実施後の振り返りを行うことに

もりおか女性センター　デートDV予防講座の様子

よって学習を深めている。出前講座に参加する学生にとっては、それぞれが目指している職業に必要な対人関係等にかかわる力量を形成する機会ともなっている。

　出前講座では、司会進行や中高生との応答も学生たちが担当している。初めは十分には対応できなくても、しばらくするとうまくできるようになり、人前で話をしたり、対話をしたりする実践の場となっている。帰りの車の中などでは振り返りを行い、グループワークの対応で困ったこと等を話し合う。中高生も、年の離れたセンター職員が問いかけるより素直に受け答えをしていることからも、若い人にデートDVについて伝えるには若者同士が効果的であり、相乗効果が高いと考えられる。学校現場からの依頼は増えており、大学生を連れてきてほしいという要望は多い。岩手県は大学進学率が低く、高校によっては、大学生に接する機会がほとんどない場合もある。中高生たちにとって、この出前講座は、直接大学生と交流できる貴重な体験となっている。また、大学生のいきいきとした姿を見ることで進学への意欲が醸成され、希望をもつようになり、そのことがいいロールモデルとなると教員たちは語っている。

---

「ユースリーダー養成講座」プログラム

4日間（平成26年度は6月の土日の10：00 - 16：45）

第1日：アイスブレーク
　　　　「男女共同参画について　ジェンダーってなんだろう」
　　　　「ジェンダーの歴史　自分自身のジェンダーについて考える」
　　　　「アサーティブなコミュニケーションとは」「オリジナルプログラムを考える①」

第2日：「思春期の生と性」
　　　　「大切な人とのもっといい関係を考えよう！」
　　　　「オリジナルプログラムを考える②」

第3日：「オリジナルプログラムを考える③④」

第4日：「オリジナルプログラムを考える⑤⑥」
　　　　「オリジナルプログラム発表とI&Yプログラム披露」
　　　　「デートDV予防プログラムの実践テクニック」
　　　　講座まとめ、閉校式（修了証授与）

---

## デートDVとは？

　「DV（ドメスティック・バイオレンス）」は、一般に、配偶者等、親密な関係にある者から振るわれる暴力であり、「デートDV」は、特に若年層の男女間における暴力（交際相手からの暴力）を示す。内閣府男女共同参画局の平成23（2011）年の調査によると、20～29歳の女性の23.4％、男性の11.7％は、交際相手からの被害経験があると回答している。また、20～29歳女性の24.3％、同男性の31.2％は「交際相手からの暴力（デートDV）」という言

葉があることを知らないと回答している（内閣府男女共同参画局「男女間における暴力に関する調査」平成24年4月）。若年層に向けては、将来の婚姻関係におけるDV被害・加害の防止という観点とともに、現在の交際相手等の男女間の関係を考える点からも意識啓発が必要であることがわかる。

男女共同参画基本計画では、「女性に対するあらゆる暴力の根絶」は、第1次から第3次に至るまで基本的施策の1分野となっており、第3次の基本計画では、「第9分野　女性に対するあらゆる暴力の根絶」において、「若年層を対象とする予防啓発の拡充、教育・学習の充実を図る」ことが具体的施策として示されている。多くの地域のセンターでは、中高生や大学生に向けたデートDV防止のための啓発事業を行っている。

## 大学生による中高生の居場所づくり活動

札幌市男女共同参画センターは、平成18（2006）年より公益財団法人さっぽろ青少年女性活動協会が指定管理者として運営している。同センターでは、第3次男女共同参画基本計画（平成22〈2010〉年12月閣議決定）を踏まえ、平成23年度より「子ども・青年への男女共同参画啓発事業」を事業の柱の1つとして、中高生の居場所づくり事業「たまりんぱ」を開始した。「たまりんぱ」は、研修を受けた学生が中高生の話を聴いたり、一緒に作品や料理をつくったり、ロールモデルの話をもとに職業について話し合ったりする場である。中高生が「自分のこと」「将来のこと」を話し合える場所であり、「男性だから」「女性だから」といった性別によってではなく、個人として尊重される経験ができるようにサポートしている（「たまりんぱ」は、たまり場の語をもとに同センターが考えた造語）。

「たまりんぱ」事業はすべて、「ピア・サポーター」と呼ばれる大学生のコーディネーターが中心となって実施している。この活動は、日本ピア・サポート学会に所属する大学教員とのかかわりがきっかけとなっており、「ピア・サポーター養成講座」を年3回、「ピア活動団体 札幌たまりんぱ」主催、センター共催で実施している。学生は研修後の活動を経て、「ピア・サポーター養成講座修了証書」を授与される。「ピア活動団体 札幌たまりんぱ」は、修了後の説明会を経て、同センターでの活動を継続することを決めた修了生によって結成され、養護教諭や臨床心理士を目指す学生を中心に、道内の複数の大学の学生・卒業生約15名が登録している。

ピア・サポーターは、プログラム前に打ち合わせを行い、わかりやすい説明のしかたや話し方、自分らしさが出せる作品づくりの進め方等について話し合う。「出張たまりんぱ」の前には2回、サポーター全員が集まり、趣旨説明と進め方について話し合う。

札幌市男女共同参画センター「たまりんぱ」事業の様子

プログラム修了後に振り返りも毎回実施する。活動日誌も記入し、職員と内容を共有している。サポーター同士ではラインでグループをつくり、連絡を取り合っている。

　活動には、事前打ち合わせや振り返りを含め、センター職員がかかわっており、ピア・サポーター研修等で男女共同参画ワークショップを体験してもらうなど、男女共同参画の視点について伝えるように努めている。例えば、「お仕事研究会」の回では、男性の看護師等、ロールモデルの選び方も考慮しているが、ただ人気の職業を選んでいるのではないことや、職業選択と性別の関係等について、職員から学生へ説明する。学生（サポーター）は、2年目くらいからはよく理解するようになり、自分から内容の提案等を積極的に行うようになる。活動をとおして学生たちは、職業における性別役割分担意識やデートDVの問題等、男女共同参画について、多くの気づきを得るとともに、子どもとのかかわり方等、目指す職業に関連する力量を形成している。


注
(1) 内閣府男女共同参画局『男女共同参画白書　平成24年版』での特集「成長戦略の中核である女性の活躍に向けて」の第1－特－15図　女性の教育別年齢階級別労働力率の就業形態別内訳（平成24年）参照。


参考文献・URL
1　有賀美和子（2014）「『共生社会とジェンダー』を考える」『女性学研究所年報』No.24，pp.2-5，東京女子大学女性学研究所
2　犬塚協太（2015）「地方公立大学における男女共同参画推進の試み：静岡県立大学の取組事例」国立女性教育会館編『NWEC実践研究』第5号，pp.77-93，国立女性教育会館
3　国立女性教育会館編 2014『男女共同参画の視点に立った若者のキャリア形成支援　ハンドブック』
4　山極清子（2011）「女子学生キャリア支援の紹介」『立教』第217号，pp.17-19，立教大学
5　内閣府男女共同参画局「女性に対する暴力の根絶」
　　http://www.gender.go.jp/policy/no_violence/index.html


　　　　　　　　　　　　　　　　　　　　　　　　　　　　　　　　　　　　飯島　絵理

## column ⑬

# キャリアとは？ －国立女性教育会館の事業から

　平成20（2008）年12月、中央教育審議会は「学士課程教育の構築に向けて（答申）」で「学生が入学時から自らの職業観、勤労観を培い、社会人として必要な資質能力を形成していくことができるよう、教育課程内外にわたり、授業科目の選択等の履修指導、相談、その他助言、情報提供等を段階に応じて行い、これにより、学生が自ら向上することを大学の教育活動全体を通じて支援する『職業指導（キャリアガイダンス）』を適切に大学の教育活動に位置づけることが必要である」と提言しました。それを受けて大学ではキャリア教育に力を入れるようになっています。

　「キャリア」をどのように考えればいいのでしょうか。もともとキャリアの語源は「馬車が通ったあとに残る轍で、走ったあとの軌跡だと言われています。日本ではこれまで「キャリア」は主に「職業経歴」という意味で使われて、答申でも職業を意味する言葉として使われています。しかし、最近は長期にわたる「キャリア形成（発達）」支援が課題になってきたために、キャリアを仕事だけではなく、広い概念としてとらえられるようになっています。例えば、キャリア研究者の金井壽宏はキャリアを「職業生活を柱とし、家庭生活や社会活動を含めた生活全体のパターンであり、積み上げてきた生活のプロセスであり実績である」と定義しています。

　国立女性教育会館では平成16（2004）年以降、女性のキャリアに関する調査研究や研修を実施してきました。会館ではキャリアを職業としてではなく、地域活動など金銭的な収入に結びつかない社会活動もキャリアとしてとらえています。男女共同参画センターや公民館で学習を続けてきた女性たちのなかには、地域で活躍する女性が数多く存在していたからです。彼女たちは子育て、夫の転勤等で仕事を続けることができませんでしたが、PTA活動、生協活動、地域のボランティア活動をとおして力をつけ、男女共同参画センターや公民館で学習することによって、地域の課題解決を目的とするNPO法人を立ち上げたり、起業したり、議員として地域の意思決定の場に参画するようになるなど、バラエティにとんだキャリアを形成していることがわかりました。

　また、これまでは収入を得る仕事＝職業と、収入を得ない仕事＝社会活動は別のものとしてとらえられていましたが、地域の課題解決を目的とするNPO法人の活動は収入を得ることができるようになりましたし、社会的企業なども新たな形態として注目されています。職業と社会活動の境界線が緩やかなものになり、これまでの職業的要素と社会活動的要素が複合したさまざまな活動が展開していると言えるでしょう。さらに平均寿命、健康

寿命が伸びるにしたがって、定年後も何らかのかたちで地域や社会に貢献する人は男女ともに増えています。新たなキャリア概念が求められているのです。

この新しいキャリア概念には2つの特徴があります。1つはキャリアを長期的な視点から考えることです。職業＝キャリアとすれば終身雇用が主流であったときには、大学を出てどの仕事を選ぶか、どの企業に就職するかでその後がほぼ決まっていました。一度ある会社に就職すれば、会社のために必死に働き続けることによってキャリアアップしてきたのです。しかし、終身雇用制度はすでに当然のものではなくなりつつあり、女性が働くことも当たり前になっています。子育て期には長時間労働を続けることは難しいですが、長期的なスパンに立てば、子育て後も視野に入れて、仕事を通じてどのような知識やスキルを身につけていくかをプランニングしていくことが求められます。そして多くの女性が働き続ける状況になれば、男性も子育てにどのようにかかわるかが課題になってきます。さらに定年後も何らかの活動を続けることを考えれば、長期的な見通しをもってキャリアを考えることは不可欠です。

2つめの視点はキャリアの構築が単に個人の自己実現だけではなく、社会を変えていくことにつながるという社会的視点をもっていることです。そうでなければ「社会のあらゆる分野における活動に参画し、ともに責任をもつ」男女共同参画社会の形成には結びつきません。少子高齢化が進むなか、男性も女性も職業をもち社会に貢献することは、今後ますます求められるようになるでしょう。しかし今の日本の社会ではそれが難しいのです。なぜなら仕事と子育ての両立が困難だからです。休暇も少なく長時間労働が当たり前の職場であれば、女性が働き続けようとすれば結婚しない、結婚しても子どもをもたないという選択肢をとらざるを得なくなります。そして、その結果、ますます少子化が進むという悪循環に陥ってしまいます。それが豊かな社会だとはとても言えません。

もう1つ問題なのは、性別役割分担意識の強い日本社会では「子育ては女性の役割」という社会通念が強いことです。子育てが女性の役割と考えられている社会風土では、仕事と子育ての両立（ワーク・ライフ・バランス）は女性だけの課題となってしまいます。そのために、責任のある仕事を引き受けにくい、昇進を望まないという働き方を選択する女性が増えれば、当然のことながら企業の意思決定の場に女性が少なくなります。意思決定の場に女性が少なければ、女性が働きやすい環境をつくっていくことは難しい。これも悪循環です。だからこそキャリアの形成は個人だけの問題ではなく、より豊かな生活を築いていくために貢献する、社会につながっているという点を意識化することが重要なのです。

このように、個人的側面と社会的側面という2つの視点からキャリア形成を考えることは、職場だけではなく、ライフプランを考えるうえで大きな意味をもつ職業選択の時期である大学のキャリア教育にこそ必要なものだと言えるでしょう。女子学生にとっても男子学生にとっても不可決なのです。

国立女性教育会館研究国際室長・主任研究員

中野　洋恵

## column ⑭

# 昭和女子大学　全学共通キャリア教育・キャリア支援の取組み

　昭和女子大学では、女性への社会の期待・役割が変わり、女性の人生設計が変わるなかで、長い人生をどのように生きていくか、その中心に職業・就業をおいて人生を計画することの重要性を踏まえ、平成23年度から全学及び学科ごとのキャリアデザイン・ポリシーを策定し、キャリア科目の体系化、社会人メンターネットワークの構築など、独自の事業に取り組んでいます。

## ●キャリア科目の体系化●

　「キャリア科目」は、「キャリアコア科目」を含む一般教養科目及び各学科の専門教育科目の総体から成っています。これらの科目を「キャリアデザイン・ポリシー」に沿って体系的に履修することによって、専門を生かした職業に必要な知識、技能、能力や態度を修得します。

　トライアルというかたちで実施してきたキャリア科目を、平成23年度入学者からは、全学共通キャリアコア科目（一般教養科目）というかたちで必修化しました。

　全学共通キャリアコア科目では、女性として、長い生涯にわたるキャリアをデザインするうえで必要な基礎的知識と方法について学びます。

　1年次後期に必修の「キャリアデザイン」は、「実践倫理」という昭和女子大学創立のころから続く伝統ある科目に位置づけられています。1年次前期の「実践倫理」では、大学の歴史や理念などについて学びます。後期の「キャリアデザイン」は、自らのキャリアを考えるうえでの導入となる講義を学内の教員がオムニバス形式で行います。オムニバス形式のため、学生は1年次のうちから、さまざまな角度から卒業後の「働く」ということをイメージすることができます。

　2年次では、「女性の生き方と社会」または「女性とキャリア形成」のどちらか1科目が選択必修となります（「女

**全学共通キャリアコア科目**

| 実践倫理（キャリアデザイン） | 必修 | 1年後期 |
|---|---|---|
| 女性の生き方と社会 | 1科目選択必修 | 2～3年前期 |
| 女性とキャリア形成 | | |
| 女性とキャリア開発 | | |
| 企業と社会のルール | 選択 | 3・4年後期 |

出所：昭和女子大学キャリアデザイン委員会（2013）『昭和女子大学キャリアデザイン・ポリシーとキャリア科目の体系』より作成

性とキャリア開発」は平成26年度休講)。科目名は異なりますが、どちらかの科目を履修することにより、学生は同じ知識、同じ経験をすることができます。

全学部の2年生全員を対象に必修科目化するに当たっては、時間割作成上の調整が必要でした。各学科の専門科目の時間割が組まれているところに、その間を縫うようにして、必修という固定のコマをつくっていくため、各学科の理解と協力が不可欠でした。

## 社会人メンター制度

平成23年度からキャリア科目の体系化と併せて、社会人メンター制度を始めました。この制度は、学生が、社会人メンターとして登録されたさまざまな職歴をもつ幅広い年代の女性から、対面でさまざまなアドバイスを受けるしくみです。社会人メンターは、年2回、春と秋に大学ホームページで公募します。平成26（2014）年9月現在、約340人のメンターが登録しています。このうち、昭和女子大学の卒業生は13％強で、登録者の87％に当たる295人余りが、昭和女子大学以外の他校出身者です。大学の先輩後輩の枠を超えて、若い女子学生たちのキャリア形成を支援したいという社会人女性たちが、応募してくれています。

社会人メンター制度のプログラムには、以下の表のとおり、「個別メンタリング」「メンターカフェ」「メンターフェア」の3種類があります。

キャリアコア科目との関係では、2年次必修のキャリアコア科目において、メンタープログラムへの参加レポート（任意提出）が、成績平常点評価対象に含まれています。なかには、加点に関係なく、何度も参加する学生もいて、学生からも好評です。

**社会人メンター制度の3つのプログラム**

| プログラム | 内　容 | 実　施 | 想定対象学生 |
|---|---|---|---|
| 個別メンタリング | 学生が大学ホームページの学生専用ポータルサイトから、キーワード検索してメンターを選び面談。 | 随時45分 | 卒業後の志望分野が明確な学生 |
| メンターカフェ | テーマを設定して（例・外国語を使う仕事について聞いてみる！）、3人のメンターと10～30人の学生が懇談する。 | 月1回（土曜日）13：00～15：00 | 興味のある分野がある程度明確な学生 |
| メンターカフェ | お昼休みの時間帯、学内オープンスペースのテーブルにメンター10～12人が1人ずつ待機し、学生は自由にメンターと懇談する。 | 月2回（平日）11：45～13：15 | 社会人の話を聞いてみたい学生 |

出所：小森亜紀子・木間英子（2014）「昭和女子大学社会人メンタープログラム参加学生の感想の質的分析」『昭和女子大学女性文化研究所紀要』41、pp.31-41

## ● 学内での連携体制 ●

　各学科に1人ずつキャリア支援部委員がおり、このキャリア支援部委員の集まりがキャリア支援部です。キャリア支援センターは、キャリア支援部の下に置かれています。なお、前述の全学共通のキャリアコア科目は、一般教養科目のため、一般教養科目を統括している総合教育センターの扱いになります。

　各学科のキャリア支援部委員は、キャリア支援センターと学科をつなぐうえで、重要な役目を果たしています。キャリア支援センターでも、各学科の担当者を決め、学科担当のキャリア支援センターの職員と各学科のキャリア支援部委員の1対1で定期的なミーティングを行っています。例えば、まだ就職が決まっていない学生やなかなかキャリア支援センターに足を運ばない学生には、キャリア支援部委員の教員が、学科会議において、ゼミの担当教員に連絡をしたり、その学生のことを知っていれば直接声をかけたり、教員であるキャリア支援部委員が、学科とキャリア支援センターをつなぐ役割を果たしています。

　女子大学として、毎年全国トップクラスの就職率に結実しているきめの細やかなキャリア支援には、教員とキャリア支援センター職員の協力体制があります。

国立女性教育会館事業課専門職員<br>
石崎　裕子

（昭和女子大学キャリア支援部長　森ます美教授へのインタビューをもとにまとめた）

昭和女子大学の取組みについて
詳しくはホームページ　http://swu.ac.jp

第Ⅱ部 〔実践編〕具体的な取組みや実践事例を知る

**column ⑮**

# 秋田大学医学部における医師キャリア教育の実践

　近年、日本の医学部における女子学生の数は増加してきており、秋田大学ではすでに4割を超えています。しかし、これまで医学部におけるキャリア教育は他学部に比べて遅れていたと言えます。その理由は医学部入学が医師という職業選択を意味しており、医師のキャリアは一本道だと思われていたからではないでしょうか。しかし、女性医師が増えるとともに出産後の離職などが問題となってきました。一度離職してしまうと、医学の進歩のスピードは速く、復帰に困難が伴うことがあります。また、女性医師の7割が男性医師と結婚するというデータもありますし、男性も同僚として一緒に働くのは確実です。今後は出産・育児のみならず、健康問題や介護でそれまでと同じように働けない医師も出てくることが予想され、キャリアパスの多様化も進んでいます。このような理由から、医学部におけるキャリア教育は妊娠・出産などのライフイベントに影響を受けやすい女子医学生のみならず、全員に必須であると考えています。

　そこで、秋田大学では、①低学年から理想の医師像について考え、ビジョンをもって医学生としての6年間を送る。②自分自身を理解し、自己効力感を感じながら、将来の進路を考える。③将来一緒に働く同僚医師のライフイベントを理解し、支援することができる。④将来のライフイベントを未来年表に入れながら、キャリアプランを立てる。⑤生涯医師として研鑽をし続け、医療に貢献する意欲をもつことができることを目的に、平成21（2009）年より初年次ゼミで1年生に1コマ（80分、現在は2コマ）、平成22年度からは3年生に5コマ（1日）の参加型の必修カリキュラムとして開始しました（「3年次タイムスケジュール」参照）。

　1年生では医師の仕事、プロフェッショナリズム、自分をよく知るワーク、価値観としてのキャリアアンカーのワークを行います。

　3年生では総論の講義のほか、朝の子どもの発熱や研修医時代に出産したカップルの後期研修の進路、妻の海外留学など、実際に起こり得るシナリオをベースにしたグループワークを取り入れ、発表や総合討論

**3年次タイムスケジュール**

```
8:50-10:10　総論
　はじめに　蓮沼
　プレアンケート
　基礎系男性教授　女性医師支援総論
　臨床系男性教授　医師の生活
　終了次第グループワークの説明
10:20-11:40　PBL　グループ討論
　昼休み
12:50-14:10　グループ発表・全体討論
14:20-17:10（途中休憩あり）
　学内外の先輩医師の体験談
　　小児科女性医師（子育てしながらのキャリア形成、専門分野のスキルアップ）
　　循環器内科女性医師（産後復帰経験について）
　　呼吸器外科男性医師（妻は麻酔科医。子ども3人）
　　呼吸器外科女性医師（県外出身、幼児の子育て）
　　産婦人科男性医局長（医局としてのサポート体制）
　まとめ　蓮沼
　キャリア未来年表
　ポストアンケート
```

も行っています（「3年次シナリオ例」参照）。また学内外のロールモデルとなる先輩医師の経験を聞く時間があります。講義の最後には1、3年生ともキャリア未来年表を作成します（「キャリア未来年表」参照）。

参加学生は女性医師の現状を理解でき、卒業後のさまざまなライフイベントをシミュレーションし、どのようにキャリアを積んでいくべきか考える機会になったようです。また、女性だから今まであきらめていたがやれそうだと思えた、という声もありました。今後は、他施設でも運用できるようなプログラムが必要であると考えます。実践目標として、①低学年から必修講義として全員が将来について考える機会をもつ。②将来の理想の医師像を考え、それに向かってどのような6年間を過ごすか考える。③自分自身や価値観について考える。④医師としてのキャリアパスやさまざまな支援策があることを知る。⑤シナリオベースで将来起こり得る出来事について考えるグループワークを行う。⑥バックグラウンドの違いにより、考え方の多様性や正解はないことを感じる経験をする。⑦多様なよいロールモデルの経験談を聞く機会をもつ。⑧将来のライフイベントをキャリア未来年表に入れながら、キャリアプランを立てる、ということが挙げられます。

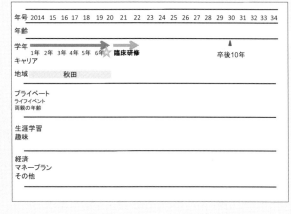

**3年次シナリオ例**

夫は部活の先輩で、卒後秋田で結婚しました。子どもも生まれ実家がお互い遠いため、協力しながら子育てと仕事の両立を目指しています。自分は外科系のある診療科にすすみ、後期研修も順調で、専門医を取得しました。さらに専門を深めるため、ある手術の技術を身に着け秋田大学で活躍したいと思っていた。そのことを上司に相談したところ、海外のスペシャリストを紹介してくれて、半年くらい勉強しにいってもいいといってもらえました。しかしまだ子どもは3歳ですし、国外に長期間研修にいくことは想定していなかったのですが、若いうちに技術を身に着けたいとも思います。さて、どうしますか？

**キャリア未来年表**

現在では秋田大学のプログラムを取り入れる大学も出てきました。

キャリア教育はすぐに効果が出るものではありませんが、さまざまな背景をもつ学生同士でディスカッションし、多様なロールモデルの話を聞くことで何かしらの気づきや将来へのヒントを得られるのでは、と考えています。今後はワーク・ライフ・シナジーの観点を教育にも取り入れ、医師がやりがいをもって働き続けるためのサポートになればと思っています。

秋田大学医学部総合地域医療推進学講座准教授

蓮沼　直子

# 科学技術・女性研究者支援及び男女共同参画に関する動向

| 科学技術・女性研究者支援に関する動向 | 西暦 | 和暦 | | 男女共同参画に関する動向 |
|---|---|---|---|---|
| | 1945 | 昭和20 | | ・国連憲章採択<br>・国際連合発足 |
| | 1946 | 21 | | ・第22回衆議院議員選挙(男女普通選挙)<br>・日本国憲法公布<br>・国連「婦人の地位委員会」発足 |
| ・「教育基本法」公布・施行(男女共学) | 1947 | 22 | | ・労働省発足、「婦人少年局」設置 |
| | 1948 | 23 | | ・世界人権宣言 採択 |
| | 1952 | 27 | | ・女性の参政権に関する条約 採択 |
| ・米国「科学技術機会均等法」制定 | 1955 | 30 | | |
| ・日本婦人科学者の会(現 日本女性科学者の会)設立<br>・米国にて「第1回国際女性技術者・科学者会議(ICWES)」開催 | 1958 | 33 | | |
| | 1967 | 42 | | ・女性に対する差別撤廃宣言 採択 |
| ・日本学術会議「科学者の地位委員会」に「婦人研究者問題小委員会」設置 | 1975 | 50 | | ・国際婦人年及び第1回世界女性会議<br>・総理府「婦人問題企画推進本部」設置<br>・総理府「婦人問題企画推進会議」開催 |
| | 1976 | 51 | 国連婦人の10年 | ・国際婦人の10年開始<br>・「特定職種育児休業法」施行(女子教職員、看護婦、保母)<br>・民法 改正・施行(婚氏続称制度) |
| | 1977 | 52 | | ・「国内行動計画」策定(1977-1986)<br>・「国立婦人教育会館」設置(2001年に独立行政法人化) |
| | 1979 | 54 | | ・国連女子差別撤廃条約 採択 |
| | 1980 | 55 | | ・民法、家事審判法 改正<br>・国連女子差別撤廃条約 署名 |
| ・日本学術会議初代女性会員に猿橋勝子氏選出 | 1981 | 56 | | ・「国連女性の10年国内行動計画後期重点目標」策定 |
| | 1984 | 59 | | ・国籍法、戸籍法 改正(1985年施行) |
| ・日本学術会議女性会員3名に | 1985 | 60 | | ・「男女雇用機会均等法」公布<br>・「女子差別撤廃条約」批准 |
| | 1986 | 61 | | ・「婦人問題企画推進本部」拡充(全省庁に拡大)<br>・「婦人問題企画推進有識者会議」開催 |
| | 1987 | 62 | | ・「西暦2000年に向けての新国内行動計画」策定 |
| ・短大含めた大学進学率、女子が男子を上回る | 1989 | 平成1 | | |
| | 1991 | 3 | | ・「育児休業法」公布 |
| | 1992 | 4 | | ・婦人問題担当大臣任命 |
| ・高等学校での家庭科の男女共修実施<br>・学術会議「女性科学研究者の環境改善の緊急性についての提言(声明)」総会で採択<br>・「女性科学研究者の環境改善に関する懇談会」(JAICOWS) | 1994 | 6 | | ・総理府「男女共同参画審議会」「男女共同参画室」設置<br>・「男女共同参画推進本部」設置 |
| ・「科学技術基本計画」公布・施行 | 1995 | 7 | | ・「育児・介護休業法」成立<br>・「家族的責任を有する労働者条約」批准<br>・「第4回世界女性会議(北京会議)」開催 |
| ・「日本女性科学者の会」(この年名称変更)、男女共同参画推進連携会議の構成員に参加 | 1996 | 8 | | ・男女共同参画審議会答申:男女共同参画ビジョン<br>・「男女共同参画2000年プラン」策定 |
| ・学術会議「女性科学者の環境改善の特別推進委員会」設置 | 1997 | 9 | | ・「男女雇用機会均等法」改正(1999年4月施行) |
| ・ロレアルーユネスコ女性科学賞創設 | 1998 | 10 | | ・「労働基準法」改正(1999年4月施行) |
| ・日本にて「第11回国際女性技術者・科学者会議」開催<br>・「文部省におけるセクシュアル・ハラスメントの防止等に関する規程」施行 | 1999 | 11 | | ・「人事院規則10-10(セクシュアル・ハラスメントの防止等)」施行<br>・国連女子差別撤廃条約「選択議定書」採択<br>・「男女共同参画社会基本法」公布・施行 |

| 科学技術・女性研究者支援に関する動向 | 西暦 | 和暦 | 男女共同参画に関する動向 |
|---|---|---|---|
| ・国立大学協会「国立大学における男女共同参画を推進するために」公表<br>・学術会議「女性研究者の環境改善に関する要望書」提出<br>・学術会議「ジェンダー問題の多角的検討特別委員会」設置 | 2000 | 12 | ・国連特別総会「女性2000年会議」開催<br>・「国連ミレニアム宣言」採択<br>・「ストーカー規制法」施行<br>・「男女共同参画基本計画」策定 |
| ・国立大学協会「国立大学における男女共同参画推進の実施状況追跡調査」<br>・第2期科学技術基本計画　閣議決定 | 2001 | 13 | ・内閣府「男女共同参画会議」・「男女共同参画局」設置<br>・独立行政法人「国立女性教育会館」名称変更 |
| ・国際女性技術者・科学者ネットワーク（INWES）発足<br>・韓国「女性科学技術者の支援促進法」制定<br>・男女共同参画学協会連絡会　発足 | 2002 | 14 | |
| ・内閣府：チャレンジ支援策決定<br>・国立女性教育会館「女性研究者支援のための懇談会」開催<br>・学術会議ジェンダー問題の多角的検討特別委員会報告「ジェンダー問題と学術の再構築」発表 | 2003 | 15 | ・第29会期国連女子差別撤廃委員会最終コメント公表<br>・「次世代育成支援対策推進法」公布・施行<br>・「少子化対策基本法」公布 |
| ・マサチューセッツ工科大学（MIT）に女性学長就任 | 2004 | 16 | |
| ・男女共同参画白書「科学技術の進展と男女共同参画」公表<br>・国立女性教育会館「女子中高生夏の学校」開始<br>・ロレアル-ユネスコ女性科学者「日本奨励賞」創設 | 2005 | 17 | ・国連女性の地位委員会49会期（北京＋10）宣言と決議を採択<br>・内閣府特命担当大臣（少子化・男女共同参画）設置<br>・「第2次男女共同参画基本計画」策定 |
| ・「第3期科学技術基本計画」閣議決定（分野別採用数値目標設定）<br>・文部科学省「女性研究者支援モデル育成」開始<br>・文部科学省「大学・公的研究機関等におけるポストドクター等の雇用状況調査」公表 | 2006 | 18 | ・東アジア男女共同参画担当大臣会合開催<br>・「雇用機会均等法」改正（2007年施行） |
| ・ハーバード大学に女性学長就任 | 2007 | 19 | ・「ワーク・ライフ・バランス憲章及び行動指針」決定 |
| ・「研究開発力強化法」施行<br>・学術会議「学術分野における男女共同参画推進のために」提言 | 2008 | 20 | ・「女性の参画加速プログラム」決定 |
| ・文部科学省：女性の参画加速促進プログラム施行<br>・「10私立大学男女共同参画推進のための共同宣言」発表 | 2009 | 21 | ・「次世代育成支援対策推進法」改正<br>・第44会期国連女子差別撤廃委員会最終見解発表 |
| | 2010 | 22 | ・「第3次男女共同参画基本計画」策定 |
| ・国立大学協会　男女共同参画推進の「アクションプラン」公表<br>・学術会議「災害・復興と男女共同参画」学術フォーラム開催<br>・「第4期科学技術基本計画」閣議決定 | 2011 | 23 | ・男女共同参画白書「ポジティブ・アクションの推進―2020年30％に向けて―」<br>・「APEC女性と経済サミット」（WES）開催 |
| | 2012 | 24 | ・内閣府「男性にとっての男女共同参画ページ」開設<br>・「第1回かえるの星」選定 |
| ・「東北大学女子学生入学百周年記念事業」開催（日本の大学として初めて女子学生を受け入れてから100周年）<br>・JST「女性研究者研究活動支援事業」拠点型　開始 | 2013 | 25 | ・「改正男女雇用機会均等法施行規則」公布（間接差別対象拡大） |
| ・「科学技術イノベーション総合戦略」閣議決定<br>・JST「女性研究者研究活動支援事業」連携型　開始<br>・学術会議「男女共同参画は学問を変えるか？」開催<br>・学術会議「学術分野における男女共同参画促進のための課題と推進策」公表 | 2014 | 26 | ・国連「自然災害におけるジェンダー平等と女性のエンパワーメント」決議案採択<br>・経団連「女性活躍アクションプラン」公表<br>・「APEC女性と経済フォーラム」開催<br>・「日本再興戦略改訂2014」に「女性が輝く社会の実現」掲げる |
| ・「第5期科学技術基本計画（2016～2020年度）」作り開始 | 2015 | 27 | ・国連「女性の地位委員会59会期（北京＋20）」開催<br>・第3回国連防災世界会議（仙台）開催<br>・「第4次男女共同参画基本計画」決定（予定） |

略称　日本科学技術機構（JST）、日本学術会議（学術会議）、日本経済団体連合会（経団連）

（注）　黒字は国内、薄字は海外・国際動向

# おすすめの本・URL

## 男女共同参画の基盤づくり

- 『越境するジェンダー研究』東海ジェンダー研究所記念論集編集委員会編 2010 明石書店
- 『OECD ジェンダー白書：今こそ男女格差解消に向けた取り組みを！』経済協力開発機構（OECD）編著 2014 明石書店
- 『職場のワーク・ライフ・バランス』武石恵美子・佐藤博樹 2010 日経文庫
- 『図表でみる教育：OECD 教育インディケータ（2014年版）』（毎年刊行）経済協力開発機構（OECD）編著 2014 明石書店
- 『男女共同参画統計データブック－日本の女性と男性－2015』国立女性教育会館・伊藤陽一編 2015 ぎょうせい
- 『ポジティヴ・アクション──「法による平等」の技法』辻村みよ子 2011 岩波新書

## 女性研究者のキャリア形成

- 『科学する心：日本の女性科学者たち』岩男壽美子、原ひろ子編 2007 日刊工業新聞社
- 『キャリアを拓く：女性研究者のあゆみ』柏木惠子、国立女性教育会館女性研究者ネットワーク支援プロジェクト編 2005 ドメス出版
- 『猿橋勝子：女性として科学者として（人間の記録（97））』猿橋勝子 1999 日本図書センター
- 『女性科学者に一条の光を：猿橋賞30年の軌跡』女性科学者に明るい未来をの会編 2010 ドメス出版
- 『女性技術者と男女共同参画社会：イキイキ働きキャリアアップしよう』佐野夕美子 2004 明石書店
- 『女性研究者のエンパワーメント』伊藤セツ 2008 ドメス出版
- 『女性理学教育をリードした女性科学者たち：黎明期・明治期後半からの軌跡（日本女子大学叢書）』日本女性大学理学教育研究会編 2013 明石書店
- 『光できらめく理系女性たち──理想のワークライフバランスを目指して』小舘香椎子監修 2007 オプトロニクス社
- 『拓く：日本の女性科学者の軌跡』都河明子、嘉ノ海暁子 1996 ドメス出版
- 『まず歩きだそう：女性物理学者として生きる』米沢富美子 2009 岩波ジュニア新書
- 『娘に「リケジョになりたい！」と言われたら』秋田直美 2014 ダイヤモンド社

**大学生のキャリア形成支援・男女共同参画学習**
- 『女の子の幸福論：もっと輝く、明日からの生き方』大崎麻子 2013 講談社
- 『仕事の社会学：変貌する働き方』佐藤博樹・佐藤厚編 2012 有斐閣
- 『女子と就活：20代からの「就・妊・婚」講座』白河桃子、常見陽平 2012 中央公論新社
- 『大学生のためのキャリアデザイン入門』岩上真珠、大槻奈巳編 2014 有斐閣
- 『ホワイト企業：女性が本当に安心して働ける会社』経済産業省監修 2013 文藝春秋


**関連機関の参考となる URL**
- 一般社団法人国立大学協会「国立大学における男女共同参画について」
  http://www.janu.jp/post.html
- 一般社団法人日本経済団体連合会「経団連の女性の活躍推進」
  http://www.keidanren.or.jp/policy/woman.html
- 男女共同参画学協会連絡会　http://www.djrenrakukai.org/index.html
- 日本学術会議
  「科学者委員会男女共同参画分科会」
  http://www.scj.go.jp/ja/member/iinkai/danjyo/index.html
  「報告 学術分野における男女共同参画促進のための課題と推進策」（平成26年9月30日）
  http://www.scj.go.jp/ja/info/kohyo/pdf/kohyo-22-h140930-1.pdf
- 厚生労働省「職場における子育て支援」
  http://www.mhlw.go.jp/stf/seisakunitsuite/bunya/kodomo/shokuba_kosodate/index.html
- 内閣府男女共同参画局　http://www.gender.go.jp/
- 文部科学省・独立行政法人科学技術振興機構「女性研究者活動支援事業」
  http://www.jst.go.jp/shincho/josei_shien/index.html
- 文部科学省「男女共同参画社会の推進のために」
  http://www.mext.go.jp/a_menu/ikusei/kyoudou/index.htm


　国立女性教育会館内にある、男女共同参画及び女性・家庭・家族に関する専門図書館「女性教育情報センター」では、この他にも、各大学・研究機関で発行されたロールモデル集、調査報告書、シンポジウムの報告書等を収集し、提供しています。
　資料の検索は「「女性情報ポータル"Winet（ウィネット）"」」からどうぞ。http://winet.nwec.jp/

# 索引

## あ行

IRIS（アイリス） 75, 76, 77
育児休業取得率 40
イクメン 42, 132, 135, 139, 140, 141, 150
インターンシップ 67, 153, 156, 157
M字カーブ 34, 35, 144
お茶大インデックス 69, 71

## か行

科学技術基本計画 26, 50, 51, 82, 104, 169
科学技術振興機構 103, 109, 171
学術分野における男女共同参画促進のために 17
学術分野における男女共同参画の取組と課題 17
学童保育 71, 117, 118, 120, 124, 125
神奈川県県民局くらし県民部人権男女共同参画課 153
川崎市男女共同参画センター 153, 156
キャリア教育 14, 65, 144, 147, 148, 153, 155, 161, 162, 163, 166, 167
九州・沖縄アイランド女性研究者支援ネットワーク 63
くるみん 57, 131, 135
経済協力開発機構（OECD） 44, 46, 47, 170
研究支援員 69, 79, 94, 99, 101, 102, 104, 106, 113, 114, 115, 127
国際婦人年 16, 168
国立大学協会 12, 13, 15, 29, 32, 49, 50, 54, 55, 83, 117, 169, 171
国連開発計画（UNDP） 8
子育てタクシー 124

## さ行

サイエンス・エンジェル 56, 57, 108
札幌市男女共同参画センター 153, 159
GGI（ジェンダー・ギャップ指数） 8
GII（ジェンダー不平等指数） 8
ジェンダー問題と学術の再構築 16, 169
静岡市女性会館 68
資生堂 女性研究者サイエンスグラント 97
次世代育成支援対策推進法 51, 131, 135, 169
女子中高生夏の学校 102, 109, 169
女子中高生の理系進路選択支援プログラム 109
女性科学研究者の環境改善に関する懇談会（JAICOWS） 12, 15, 16, 168
女性研究者研究活動支援事業 13, 20, 30, 51, 60, 61, 64, 73, 78, 104, 113, 130, 169
女性研究者支援モデル育成 13, 20, 56, 57, 58, 59, 60, 61, 63, 64, 71, 76, 78, 85, 104, 107, 121, 122, 123, 130, 169
女性研究者養成システム改革加速 13, 51, 56, 60, 62, 85
女性限定公募 31, 84, 86, 87
性別役割分担 33, 34, 36, 78, 155, 160, 162

## た行

待機児童 116, 117, 118, 124
ダイバーシティ 8, 61, 85, 89, 95, 98, 100, 125, 129, 150
男女共同参画学協会連絡会 12, 13, 15, 19, 22, 45, 47, 52, 102, 169, 171
男女共同参画基本計画 12, 51, 159, 169
男女共同参画社会基本法 12, 55, 61, 83, 97, 168
男女雇用機会均等法 51, 83, 144, 149, 168, 169
中央教育審議会 144, 161
テニュア・トラック制度 98

## な行

内閣府男女共同参画局 19, 103, 128, 134, 135, 158, 159, 160, 171
日本学術会議 12, 13, 16, 18, 21, 168, 169, 171
日本再興戦略 31, 169
日本女性学習財団 68, 74

## は行

病児・病後児保育 71, 116, 117, 121, 123
ファザーリング・ジャパン 128, 141, 142, 150
ポジティブ・アクション 13, 31, 50, 60, 78, 79, 82, 83, 84, 85, 86, 87
ポスドク 67

## ま行

メンター 81, 87, 89, 90, 91, 92, 95, 96, 99, 103, 105, 112, 134, 163, 164
もりおか女性センター 153, 157
文部科学省 3, 8, 13, 15, 19, 20, 26, 30, 56, 57, 61, 68, 72, 73, 76, 82, 84, 102, 104, 106, 107, 113, 121, 123, 130, 136, 153, 155, 156, 169, 171

## や行

ユネスコ（UNESCO） 43, 44, 96

## ら行

リコチャレ応援団体 103
ロールモデル 9, 50, 59, 63, 67, 68, 69, 75, 76, 77, 81, 89, 92, 93, 94, 96, 101, 102, 103, 107, 108, 111, 112, 115, 128, 130, 133, 143, 144, 145, 149, 157, 158, 159, 160, 167, 171
ロレアル―ユネスコ女性科学者日本奨励賞 96, 108, 169

## わ行

ワーク・ライフ・バランス 21, 42, 52, 69, 78, 79, 80, 81, 83, 91, 93, 98, 102, 113, 126, 127, 129, 131, 132, 134, 139, 140, 141, 144, 145, 149, 150, 162, 169, 170

### 大学 (五十音順)

秋田大学 133, 148, 166, 167
愛媛大学 58, 85
大分大学 63, 65
大阪府立大学 65, 75, 76, 77, 93, 94, 96, 101, 102, 132, 134, 152
岡山大学 98, 124
沖縄科学技術大学院大学 64, 65
お茶の水女子大学 69, 120, 132
香川大学 57, 58, 69, 120
鹿児島大学 63, 65
神奈川大学 153
神奈川県立保健福祉大学 153
鎌倉女子大学 153
関西学院大学 114, 120, 130
九州大学 61, 63, 64, 65, 66, 67, 86, 102, 114, 133, 136, 137, 138
京都大学 97
京都府立医科大学 115, 116, 122
熊本大学 32, 63, 64, 65
神戸大学 90
佐賀大学 63, 65
静岡県立大学 65, 67, 147, 150, 153, 160
芝浦工業大学 95, 100, 101, 102
首都大学東京 18, 61, 88, 95
上智大学 59, 91, 95, 102
昭和女子大学 147, 163, 164, 165
東京学芸大学 54, 73, 74, 90, 91, 101, 114, 116, 120
東京女子大学 147, 148, 160
東京農工大学 60, 85, 87, 88
東邦大学 102, 115, 121
東北大学 55, 56, 57, 101, 107, 108, 120, 123, 169
獨協医科大学 116, 133
長崎大学 63, 65
名古屋大学 87, 88, 91, 96, 117, 118, 123, 124
奈良先端科学技術大学院大学 116
新潟大学 120
広島大学 91, 97, 99, 125, 132
福岡女子大学 64, 65, 66, 67
福岡大学 64, 65
北海道大学 84, 121, 123
宮崎大学 58, 63, 64, 65, 97, 114, 117, 118, 119, 123, 132
横浜国立大学 153
立教大学 147, 149, 150, 160
琉球大学 63, 65
早稲田大学 129, 130

# 執筆分担一覧

| | | |
|---|---|---|
| 第Ⅰ部第1章 | 村松　泰子（むらまつ　やすこ）＊ | |
| | （公財）日本女性学習財団理事長／東京学芸大学名誉教授・前学長 | |
| コラム1 | 江原　由美子（えはら　ゆみこ） | |
| | 首都大学東京教授・副学長／日本学術会議科学者委員会男女共同参画分科会第22期委員長 | |
| コラム2 | 小舘　香椎子（こだて　かしこ） | |
| | 男女共同参画学協会連絡会初代委員長／日本女子大学名誉教授／元JST 男女共同参画主監 | |
| 第Ⅰ部第2章 | 吉武　博通（よしたけ　ひろみち） | |
| | 筑波大学ビジネスサイエンス系教授・大学研究センター長 | |
| コラム3 | 谷口　功（たにぐち　いさお） | |
| | 国立大学協会教育・研究委員会男女共同参画小委員長／熊本大学長 | |
| 第Ⅱ部第1章 | 野依　智子（のより　ともこ）＊ | |
| | 福岡女子大学教授・国立女性教育会館研究国際室客員研究員 | |
| コラム4 | 村松　泰子（むらまつ　やすこ）＊ | |
| | （公財）日本女性学習財団理事長／東京学芸大学名誉教授・前学長 | |
| コラム5 | 巽　真理子（たつみ　まりこ）＊ | |
| | 大阪府立大学女性研究者支援センターコーディネーター | |
| コラム6 | 島　直子（しま　なおこ）＊ | |
| | 国立女性教育会館研究国際室研究員 | |
| 第Ⅰ部第3章 | 中野　洋恵（なかの　ひろえ）＊ | |
| | 国立女性教育会館研究国際室長・主任研究員 | |
| 第Ⅱ部第2章 | 渡辺　美穂（わたなべ　みほ）＊ | |
| | 国立女性教育会館研究国際室研究員 | |
| コラム7 | 文部科学省 | |
| コラム8 | 倉田　祥一朗（くらた　しょういちろう）＊ | |
| | 東北大学大学院薬学研究科教授 | |
| コラム9 | 千裝　将志（ちぎら　まさし）＊ | |
| | 国立女性教育会館事業課専門職員 | |

| | | |
|---|---|---|
| 第Ⅱ部第3章 | 飯島　絵理（いいじま　えり）＊ | |
| | 国立女性教育会館研究国際室客員研究員 | |
| コラム10 | 菊川　律子（きくかわ　りつこ）＊ | |
| | 放送大学特任教授・福岡学習センター所長／九州大学前理事・男女共同参画推進室長 | |
| コラム11 | 谷　俊子（たに　としこ）＊ | |
| | 東海大学ワーク・ライフ・バランス推進室特任助教 | |
| コラム12 | 德倉　康之（とくくら　やすゆき） | |
| | NPO法人ファザーリング・ジャパン理事 | |
| 第Ⅱ部第4章 | 飯島　絵理（いいじま　えり）＊ | |
| | 国立女性教育会館研究国際室客員研究員 | |
| コラム13 | 中野　洋恵（なかの　ひろえ）＊ | |
| | 国立女性教育会館研究国際室長・主任研究員 | |
| コラム14 | 石崎　裕子（いしざき　ゆうこ）＊ | |
| | 国立女性教育会館事業課専門職員 | |
| コラム15 | 蓮沼　直子（はすぬま　なおこ） | |
| | 秋田大学医学部総合地域医療推進学講座准教授 | |

＊は、平成25～26年度「大学等における男女共同参画に関する調査研究」検討委員

| 実践ガイドブック | 大学における男女共同参画の推進 |

2015年3月30日　　初版第一刷発行
　　　4月30日　　　　第二刷発行

編　集　　独立行政法人国立女性教育会館・村松　泰子
発行人　　佐藤　裕介
編集人　　遠藤　由子
発行所　　株式会社 悠光堂
　　　　　〒104-0045 東京都中央区築地 6-4-5
　　　　　シティスクエア築地 1103
　　　　　電話　03-6264-0523　FAX　03-6264-0524
デザイン　　株式会社 キャット
印刷・製本　中和印刷株式会社

無断複製複写を禁じます。定価はカバーに表示してあります。
乱丁本・落丁本は発売元にてお取替えいたします。

ISBN978-4-906873-32-6　C3036
ⓒ2015 National Women's Education Center, Printed in Japan